Mi bebé no duerme

Grupo ROBIN BOOK

Barcelona - México
Buenos Aires

Mi bebé no duerme

Elizabeth Doodson

© 2011, Ediciones Robinbook, s. l., Barcelona

Diseño de cubierta: Regina Richling
Fotografías de cubierta: iStockphoto© Factoria Singular
Diseño interior: Eva Alonso
ISBN: 978-84-9917-093-0
Depósito legal: B-2.034-2011

S.A. DE LITOGRAFIA, Ramón Casas, 2 esq.
Torrent Vallmajor, 08911 Badalona (Barcelona)

Impreso en España - *Printed in Spain*

Sumario

Elizabeth Doodson

Sumario

9

Sumario

Pequeños insomnes: manual de uso

Desde que está dentro del útero, el bebé alterna los periodos de sueño y actividad, y esta alternancia se mantiene al nacer. El "problema" es que sus ciclos de sueño y vigilia no siempre coinciden con los de sus padres, de ahí que sea labor de estos "entrenarle" en la adquisición del hábito de dormir. Así expresado suena fácil, sencillo y hasta comprensible, pero en la práctica, y tras una semana de cabezaditas alternativas, ojeras tridimensionales y nervios a flor de piel, son muchos los padres que se preguntan: ¿qué puedo hacer para que este niño duerma... y me deje dormir?

Para responder a esta pregunta –más bien llamamiento– de tantos y tantos progenitores para quienes las noches en blanco se han convertido en un escenario habitual, hemos recopilado tanto los consejos de los principales "gurús" en materia del sueño infantil como las últimas investigaciones al respecto. El resultado es este libro, que pretende ser una guía útil y práctica a la hora de resolver los obstáculos que van surgiendo en ese "aprendizaje onírico" al que la mayoría de los bebés tienen que someterse y, también, para desentrañar los misterios del sueño infantil (que son muchos, por cierto).

A lo largo de estas páginas, y a través de los consejos de pediatras, psicólogos, terapeutas y especialistas en el sueño infantil, se analizan todos los aspectos relacionados con los patrones que siguen los bebés a la hora de dormir y que –iros mentalizando desde ya, papás– en ocasiones resultan absolutamente anárquicos.

Asímismo, hemos querido despejar las dudas más típicas y analizar qué hay de cierto en el buen número de mitos y creencias respecto a las pautas que se deben seguir para conseguir que el bebé duerma toda la noche y que lo haga en las mejores condiciones: ¿es bueno o malo mecerle para favorecer el sueño?; ¿hay que dejar que llore si se despierta a media noche o debo acudir rápidamente y sacarlo de la cuna?, ¿tiene que haber silencio absoluto en casa cuando el niño esté durmiendo la siesta?, ¿son lo mismo las pesadillas que los terrores nocturnos?, si el niño se niega a dormir, ¿se le puede medicar?, ¿cuando debería mi bebé dormir "de un tirón"?, los bebés, ¿deben dormir con almohada?, cómo puedo distinguir el llanto que indica que tiene sueño de otro tipo de llantos?, si le doy un biberón muy "cargadito" antes de dormir, ¿conseguiré que no se despierte a media noche?.

Encontraréis todas las respuestas a estas preguntas y a muchas otras dentro de los seis grandes apartados en los que está estructurado este libro: los misterios del sueño infantil; la rutina del sueño del bebé; buenos aliados del sueño infantil; consejos para padres "quemados"; los principales problemas del sueño infantil; y los métodos más efectivos para enseñarle a dormir.

Para terminar, algunos consejos. En primer lugar, tened siempre en cuenta que cada niño es distinto, y mientras que unos "vienen de fábrica" con predisposición a ser dormilones, otros son noctámbulos empedernidos. Otra recomendación: ante cualquier duda que tengáis referente al sueño del bebé, lo mejor es acudir al pediatra; pocos terrenos de la crianza dan lugar a tantas "leyendas" e ideas erróneas como el sueño, así que lo mejor es ir sobre seguro. Y, por último, intentad no dramatizar en exceso el hecho de que el niño se tome su tiempo hasta conseguir dormir toda la noche: los despertares nocturnos constituyen una etapa más en su desarrollo y se trata de un "gaje" temporal que, afortunadamente, pronto queda en el olvido.

Sin más, y parafraseando el célebre latiguillo que hizo famoso el periodista Edward Murray, buenas noches... y buena suerte.

PARTE I
LOS MISTERIOS DEL SUEÑO INFANTIL

1
El feto: sus ciclos de sueño y vigilia en el vientre materno

Los patrones del sueño se empiezan a formar ya desde antes del nacimiento. De hecho, a partir de los 6-7 meses de gestación es posible detectar en los fetos una fase REM, la correspondiente al sueño activo, y pocas semanas después ya se distingue la llamada fase de sueño profundo o No REM.

Qué dice el experto

"Dentro del útero, el sistema visual recibe mucha menos estimulación que los otros sentidos. Sin embargo, la capacidad visual del cerebro infantil está perfectamente desarrollada en el momento de nacer. Teniendo en cuenta que en el feto se registra un porcentaje muy elevado de sueño en fase REM, algunos investigadores creen que este tipo de sueño actúa como un autoestimulador del desarrollo cerebral."

Dr. William Sears, pediatra norteamericano autor de más de 40 libros sobre educación infantil.

✔ Del sopor casi constante de los primeros meses a la actividad creciente de la recta final del embarazo: esta es, en líneas generales, la pauta que adopta el patrón de sueño fetal.

✔ Hoy en día son numerosas las técnicas de diagnóstico que facilitan conocer si el bebé duerme o está despierto dentro del útero: por un lado, el registro del latido cardiaco fetal; y por otro, la ecografía, que permite observar de forma exacta y precisa todos los movimientos y actividades del bebé dentro del saco amniótico. De esta forma, se pueden observar con claridad los movimientos de los párpados, los ojos, los brazos, las piernas... y la forma en la que estos se mueven o permanecen en reposo durante los periodos de sueño y vigilia fetal.

✔ Cuando los especialistas en sueño observan el ritmo cardiaco, los movimientos oculares y los miembros del feto pueden comprobar que este duerme buena parte de las 24 horas del día. Y, sin embargo, se mueve. La razón estriba en que "nada" literalmente, tanto física como psicológicamente, dentro del líquido amniótico, y se encuentra en un estado permanente de somnolencia.

✔ Hasta aproximadamente la semana 28ª, el bebé flota al compás de los movimientos de la madre y de algunos actos reflejos dentro del útero. A partir de esta etapa, pasa la mayor parte del día y de la noche durmiendo, pero su sueño es muy agitado: intercala momentos de calma, en los que su corazón late más lentamente y su cuerpo reposa, con otros de mayor movimiento.

✔ Se puede decir por tanto que durante el periodo fetal los

tiempos de actividad y de calma van y vienen sin que exista una regularidad en esta alternancia. Las investigaciones realizadas al respecto apuntan a que las secreciones hormonales de la madre, la cantidad de glucosa en sangre e incluso el ritmo de vida materno influyen en los periodos de tranquilidad o agitación fetal.

✔ De hecho, en todos los fetos se aprecia un periodo de intensa actividad entre las nueve y las doce de la noche,

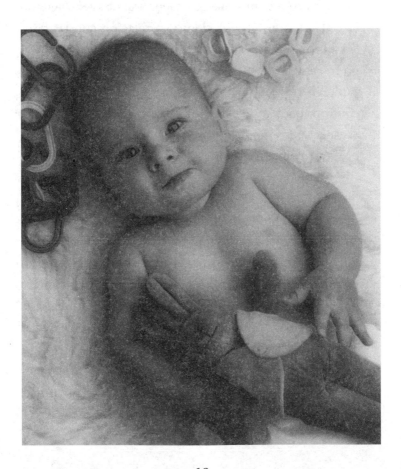

momento que coincide con una elevada secreción de cortisol (la hormona del estrés) en los adultos. Curiosamente, el cuerpo de la madre fabrica esta hormona para predisponerla a dormir, pero en el feto hace el efecto contrario, incitándolo a salir de su calma habitual.

✔ Alrededor del octavo mes de vida intrauterina, el feto comienza a alternar con una cierta regularidad fases de sueño agitado y de sueño relajado. En la mayoría de los casos se produce una mayor proporción de sueño agitado (REM), casi un 65 por ciento en relación con las fases tranquilas. Sus ojos se mueven bajo sus párpados, su cuerpo revolotea y gesticula repetidamente. Cuando se realizan registros del funcionamiento cerebral de los fetos se confirma que este se encuentra en plena actividad, aunque el aspecto externo del futuro bebé dé a entender que está profundamente dormido.

Ver y oír... para dormir mejor

✔ Aunque en el limitado campo de visión que ofrece el saco amniótico no hay realmente mucho que ver, todo indica que alrededor del cuarto mes de gestación los ojos del feto ya muestran sensibilidad a la luz. Si un fuerte estímulo lumínico (el sol o un foco de luminosidad) atraviesa la pared uterina y el líquido amniótico, el feto reacciona al cabo de unos segundos, ajustando su posición en su "burbuja líquida". A las 30ª-34ª semanas ya tiene reflejo pupilar ante la luz, y desde ese momento en adelante se orientará hacia ella de manera espontánea.

✔ El cuanto al otro sentido implicado en la mayor o menor

facilidad del feto para conciliar el sueño, el oído, se sabe que las orejas empiezan a formarse a partir de las seis semanas de gestación y que el oído interno está totalmente desarrollado a partir de la mitad el embarazo, pudiendo ya el niño percibir nítidamente los sonidos del corazón de su madre (que recordará una vez nacido, cuando ella lo acerque a su pecho, recuerdo que le incita al sueño y a la tranquilidad). Al final del sexto mes, el feto ya es sensible a los sonidos externos y lo manifiesta sobresaltándose con los portazos (y, por consiguiente, despertándose si está dormido); agitándose o calmándose según la música que escucha y moviéndose cuando oye la voz materna.

2
¿Influyen el carácter y los patrones de sueño de la madre en los del bebé?

Numerosas investigaciones han puesto de manifiesto hasta qué punto los patrones de sueño de la madre y, también, otros factores como el temperamento o el estado anímico durante el embarazo, pueden determinar la forma en la que se comporta el bebé a la hora de dormir.

Qué dice el experto

"Los bebés nacidos de madres con depresión son más propensos a sufrir patrones de sueño caóticos, presentando poca o ninguna evidencia de un ritmo circadiano estable, lo que, además, podría predisponerlos a sufrir depresión al

crecer. El mantenimiento de un horario regular para dormir es increíblemente importante para estos bebés."
Dra. Roseanne Armitage, directora del Laboratorio de Sueño y Cronofisiología del Centro de Depresión de la Universidad de Michigan (EE.UU.)

✔ Que el carácter, estilo de vida y, también, los patrones de sueño de su madre van a influir en la mayor o menor predisposición a dormir del bebé es algo acerca de lo que los expertos a día de hoy no tienen ninguna duda. De ahí la importancia de que ya durante el embarazo, la madre siga unos hábitos de vida lo más saludables y regulares posible.

✔ Una de las investigaciones más clarificadoras al respecto ha sido llevada a cabo por expertos del Departamento de Psiquiatría de la Universidad de Michigan, en EE.UU., y en ella se demostró que las madres que sufren depresión u otras alteraciones anímicas durante el embarazo o en el periodo del posparto tienen hijos a los que les cuesta mucho seguir unos patrones de sueño normales, por lo menos durante los primeros seis meses de vida. ¿La razón? Las alteraciones anímicas de la madre pueden "despistar" al reloj biológico del feto, dando lugar a que, una vez nace, el niño no tenga unos ciclos de sueño-vigilia definidos.

✔ La investigación constató también que los bebés de madres deprimidas dormían más siestas durante el día; cuando se despertaban necesitaban más tiempo para calmarse y poder volver a dormir y se desvelaban más a menudo durante la noche. Afortunadamente, esta situación es reversible: basta con ser absolutamente firmes en el establecimiento de unas rutinas del sueño para conseguir que el reloj interno de estos bebés se "reorganice" cuanto antes.

✔ Por otro lado, es importante que todas las embarazadas sigan unos patrones de sueño lo más estables posible, de forma que el feto, desde el interior, vaya teniendo referencias de cuándo "toca" descansar y cuándo activarse. Para ello, y pese a las alteraciones de sueño que la mayoría de las gestantes padece a causa del juego hormonal, los expertos recomiendan acostarse y levantarse aproximadamente a la misma hora; evitar el alcohol y la ingesta de fármacos hipnóticos; y practicar técnicas de relajación muscular, que son muy efectivas tanto para promover un sueño reparador como para reducir muchas de las molestias e incomodidades que acompañan a la gestación.

Posparto y dormir "como un bebé": ¿es posible?

El periodo el posparto no es precisamente el más adecuado para que la madre duerma a pierna suelta: las demandas alimenticias del bebé, las molestias producidas por los puntos, las alteraciones hormonales propias de este periodo y, también, el agobio frente a lo desconocido hacen que el sueño reparador y prolongado se convierta muchas veces en una utopía. Sin embargo, la madre naturaleza ha tenido a bien facilitar a las mamás esta etapa, armonizando en cierta medida sus pautas de sueño con las del feto durante el embarazo. En el momento del parto, el patrón de sueño de madre e hijo es bastante similar: los periodos de sueño activo (aquellos durante los cuales se sueña) se alternan con los periodos de sueño tranquilo o profundo. Por otro lado, alrededor de las tres semanas posteriores al parto, el organismo de la madre tiende a recuperar los patrones de sueño y vigilia que se tenían antes del embarazo. Además, y contrariamente a lo que muchas mujeres piensan, la lactancia puede hacer que sea más fácil seguir los ritmos de sueño del niño y adecuarse a ellos.

3
Los ciclos de sueño en los bebés

Al igual que los adultos, los niños alternan fases de sueño activo con otras de sueño profundo. Sin embargo, en los bebés, la duración de cada una de estas fases es distinta. Así, por ejemplo, se sabe que los recién nacidos pasan el 50 por ciento de su sueño en fase REM (su cerebro está en plena actividad y, por lo tanto, sueñan), mientras que la proporción de este tipo de sueño en adolescentes y adultos es del 25 por ciento.

Qué dice el experto

"Los padres que están luchando con los hábitos de sueño de sus hijos necesitan tener algunas nociones generales sobre el sueño en general y una serie de peculiaridades sobre el sueño infantil en particular. Los niños duermen de forma diferente y conocer lo que la ciencia ha demostrado acerca de sus ciclos de sueño es necesario para establecer las diferencias."

Dr. William Sears, pediatra norteamericano.

✔ Una vez que el niño se duerme, su sueño atraviesa tres estados sucesivos en el transcurso de cada noche:

✔ El sueño profundo: Según los expertos, existen hasta cuatro niveles de sueño profundo. En el cuarto, que es el típico de la infancia, se puede decir que el niño prácticamente no siente nada: puede escuchar música a todo volumen, ser transportado desde el coche familiar hasta su cuna o someterse al cambio de pañal sin que ni siquiera abra los ojos. En esta fase el niño no se mueve, los latidos de su corazón son regulares y su respiración es tranquila y uniforme. Este es el estado que da pie al dicho "dormir como un bebé". A los adultos les resulta muy difícil llegar a estos niveles de sueño profundo.

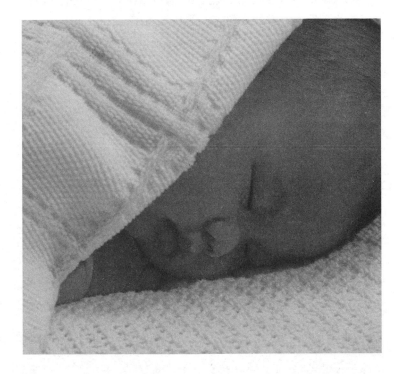

✔ El sueño agitado, rápido o activo. Durante esta fase el organismo se encuentra relajado, pero los ojos se mueven debajo de los párpados. Es el conocido como sueño REM (Rapid Eye Movement). Si durante esta fase, que a su vez se articula por lo menos en 5 periodos, se observan los párpados del niño se aprecia movimiento en ellos, señal inequívoca de que el cerebro está en plena actividad. El latido cardiaco y la respiración son irregulares, y se sabe que durante esta fase el niño experimenta sueños intensos: se agita, se pone rígido e incluso puede llegar a adoptar posiciones extrañas... sin despertarse.

✔ El sueño ligero. Se trata de una fase transitoria, que se corresponde con el momento en que el niño se adormece o cuando pasa del sueño profundo al sueño activo. Durante el paso del sueño ligero a la fase REM el niño puede despertarse, agitarse, abrir los ojos y, cuando es más mayor, puede llegar a orinarse e incluso caminar como un sonámbulo.

Así va cambiando el ritmo

En el transcurso de la noche, el niño experimenta dos periodos de sueño profundo:

✔ Poco después de adormecerse, entra en una primera fase de sueño profundo que dura aproximadamente entre 1 y 2 horas.

✔ Por la mañana, antes de despertarse, se produce otra fase de sueño profundo, seguida de una fase de sueño agitado lleno de sueños intensos, y otra de sueño ligero.

Entre estos dos extremos, el resto de la noche está compuesta de periodos de sueño ligero de poco más de una hora de duración que se van alternando con periodos de sueño activo, que es cuando el niño sueña. En el paso de un tipo de sueño a otro el niño puede despertarse e incluso llegar a abrir los ojos. Se estima que a lo largo de la noche se producen entre 6 y 7 intervalos entre el sueño ligero y el sueño activo.

Por otro lado, hay que saber que al igual que existen unos ciclos de sueño, también hay unos ciclos de insomnio: mientras los primeros son silenciosos, los segundos suelen estar acompañados del llanto del niño.

En cuanto a los despertares, en la mayoría de los casos son rítmicos y tienen una duración definida.

4
Dormilón o noctámbulo: ¿qué tipo de "durmiente" es tu bebé?

De forma similar a los adultos, los niños tienden a ser dormilones y noctámbulos "por naturaleza"; es un rasgo innato de su carácter sobre el que no hay demasiado que hacer. Tanto los noctámbulos como los insomnes natos son una minoría (la mayoría de los niños se ajustan más o menos a los patrones establecidos según su edad); lo importante es saber identificarlos... y ayudarles a coordinar sus ciclos de sueño con los del resto de la familia.

Qué dice el experto
"A partir de los primeros 2 o 3 meses de vida el lactante empieza a presentar periodos nocturnos de sueño cada

vez más largos. Las células cerebrales actúan como un reloj que va poniendo en hora las distintas necesidades del bebé hasta adaptarse a un ritmo biológico de 24 horas. Hay niños cuyo "reloj" se pone en funcionamiento con suma rapidez. En cambio, hay otros cuyo "reloj" es, digámoslo así, algo "gandul". Estos pequeños necesitan que se les intensifiquen las enseñanzas (rutinas y hábitos de sueño) para que el "reloj" empiece a funcionar e influya correctamente en la organización del ritmo biológico de vigilia y sueño. Por esta razón en una misma familia puede haber niños que duerman sin problemas y otros que padezcan insomnio".

Dr. Eduard Estivill, director de la Clínica del Sueño Estivill, en Barcelona (España) y autor del método para dormir que lleva su nombre.

✔ Una de las primeras cosas que hay que tener claras es que, en cuestiones de sueño, las diferencias entre un niño y otro (aunque sean parientes o incluso hermanos) pueden llegar a ser considerables.

✔ Durante las primeras semanas de vida, los dormilones apenas están despiertos unas cuatro horas al día, mientras que los noctámbulos pueden permanecer despiertos hasta 16 horas.

Sueño y carácter: hay relación

El doctor Berry T. Brazelton, célebre pediatra norteamericano, defiende la idea de que el hecho de que un niño duerma más o menos horas depende en gran medida de los rasgos de carácter que manifieste, lo que puede suponer una pista muy valiosa para los padres, sobre todo para los más inexpertos:

✔ El niño de tipo "andante": Tiene todas las papeletas para formar parte de la categoría "dormilón": es un niño que empieza a moverse y a caminar un poco más tarde que la media; come a intervalos regulares y duerme entre una toma y otra; rara vez padece cólico del lactante; si llora es por un motivo concreto: tiene hambre, calor o está irritado; no extraña a los desconocidos, cualquiera puede cogerle en brazos.

✔ El niño tipo "vivaz": Su perfil es el que se ajusta a la media de los niños: suelen hacer pasar a sus padres alguna que otra noche en blanco, hasta que van regulando sus horarios de sueño. Este tipo se caracteriza por presentar un desarrollo físico y psicológico muy rápido; comen a intervalos regulares, pero si bien duermen por la noche, tienden a permanecer despiertos durante el día; sufren a menudo del cólico del lactante; lloran si no se les presta la debida atención; sonríen a los extraños; tienden a moverse mucho y a divertirse con los juguetes: suelen llorar cuándo se le baña o se le cambia el pañal; se muestran resistentes al sueño y empiezan a llorar en cuanto se aproxima la hora de acostarse; y por la noche se despiertan a menudo llorando con intensidad ante cualquier contratiempo: un diente, un resfriado…

✔ El tipo "con brío". Es lo que se podría definir como un auténtico "noctámbulo". Se trata de niños que no son muy regulares en sus horarios y lloran desconsoladamente en cuanto tienen un poco de hambre; presentan un desarrollo físico y psicológico precoz; tras una y otra toma permanecen mucho tiempo despiertos; reclaman siempre la atención de los adultos, riéndose con gusto pero llorando en cuanto se les deja de hacer caso; suelen padecer con intensidad el cólico del lactante, por lo que lloran de forma intensa y durante un periodo de tiempo prolongado; tienen tendencia a querer estar solo con su madre, protestando cuando los atiende otra persona, aunque se trate del padre o de una abuela; y se duermen con dificultad y sólo lo hacen en brazos: siempre quieren estar despiertos y únicamente se les puede dejar solos en la cuna una vez que se han dormido.

5

El sueño infantil: diferencias y similitudes con el sueño adulto

Una de las primeras cosas que tienen que tener claras los nuevos papás es que los ciclos de sueño del bebé distan –y mucho– de ser similares a los suyos propios. Numerosas investigaciones al respecto han puesto de manifiesto las peculiaridades del sueño infantil

Qué dice el experto

"En los adultos, el ciclo completo de sueño tiene una duración aproximada de 90 a 100 minutos. En los bebés el ciclo es mucho más corto, con una duración aproximada de 50 minutos. Es decir, los bebés tienen tendencia a dormir en

ciclos consecutivos de 50 minutos, pasando por unos ciclos de sueño más cortos, lo que explica por qué se despiertan más fácilmente que los adultos por la noche."
Dr. David Haslam, profesor asociado de Pediatría y Microbiología Molecular en la Universidad de Washington y autor del libro *Trastornos del sueño infantil.*

✔ Los recién nacidos tienen un ciclo natural de sueño que dura aproximadamente 20 minutos, seguidos de otros 20 minutos de vigilia. En los adultos, el ciclo del sueño dura aproximadamente tres horas, y la clave está en pasar de uno a otro ciclo sin despertarse por completo.

✔ El sueño profundo de un adulto ocupa el 80 por ciento del tiempo y el sueño ligero un 20 por ciento, mientras que en

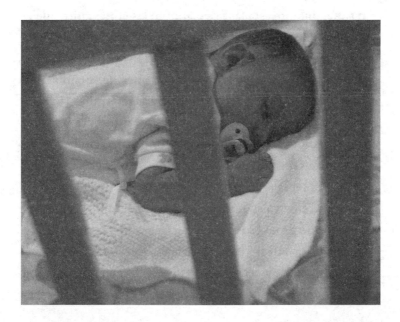

los niños la proporción es muy distinta, con un periodo de sueño ligero que ocupa la mitad del tiempo que pasa durmiendo.

✔ Por otro lado, y también a diferencia de lo que ocurre con los adultos, para los niños el sueño no solo supone la oportunidad de recuperarse de la fatiga diurna sino que juega un papel mucho más importante: mientras duerme, el niño pone a punto la organización de su propio circuito cerebral, refuerza su sistema inmune frente a posibles enfermedades y produce las hormonas necesarias para su crecimiento.

✔ Durante el sueño, se sabe que las células nerviosas cerebrales tienen una actividad de cinco a diez veces más intensa respecto a los periodos de vigilia. En el caso de los neonatos, este sueño activo es especialmente importante, ya que durante esta fase se elaboran las conexiones que el cerebro tiene la necesidad de establecer para poder funcionar correctamente. Y este es el motivo por el que los bebés prematuros tienen unos patrones de sueño activo mayores respecto a los de los nacidos a término (alrededor de un 85 por ciento de su sueño transcurre en esta fase), ya que su cerebro está menos desarrollado y tienen una necesidad mayor de completar ese proceso de maduración cerebral.

✔ Dormir refuerza su sistema inmune. Durante el sueño, el organismo produce los anticuerpos necesarios para defenderse de las infecciones producidas por virus y bacterias, de ahí que dormir las horas suficientes sea fundamental para el correcto desarrollo del sistema inmune infantil, tan "atacado" por estos microorganismos durante los primeros años de vida.

Dormir para crecer

Esa creencia popular, transmitida de generación en generación, según la cual los niños crecen mientras duermen no es del todo fantasía: en el transcurso del sueño la sangre fluye al cerebro. Durante el periodo de sueño profundo, la mayor parte de la sangre llega directa a los músculos, lo que favorece el desarrollo. Pero hay más: está científicamente comprobado que durante el periodo inicial del reposo nocturno, los niveles de producción de la Hormona del Crecimiento son más elevados que durante el resto de las 24 horas del día. Si el sueño es insuficiente, poco profundo y se produce a intervalos irregulares, la producción de esta hormona disminuye y, en consecuencia, el crecimiento se ralentiza.

6
¿Sueñan los bebés?

Hay evidencias de que ya desde el útero (aproximadamente a partir de la semana 28ª) los bebés disfrutan de periodos amplios durante los cuales experimentan sueños. Cuando nace, determinados gestos y movimientos van a resultar claramente indicativos de que el niño está disfrutando de sus particulares experiencias oníricas. ¿Su contenido? Pues, al igual que ocurre con los adultos, las cosas, situaciones y personas que configuran su día a día.

Qué dice el experto

"Durante el sueño, el cerebro envía a los músculos unos mensajes a través de los cuales les ordena que se muevan. En el caso de los adultos, estos mensajes son seleccionados por la médula espinal, que normalmente los bloquea. En los niños, sin embargo, el mecanismo de bloqueo no funciona aún correctamente al cien por cien, por lo que las señales llegan directamente al músculo, haciendo que estos se muevan. Esta es la razón por la que muchos bebés se mueven de forma convulsa cuando el cerebro emite las imágenes correspondientes a los sueños."

Dr. Richard Ferber, director del Centro de Desórdenes del Sueño Infantil en el Hospital de Boston (EE.UU.).

✔ Durante las primeras semanas de vida los bebés pasan la mitad de su tiempo soñando: mueven los ojos, succionan, sonríen, agitan brazos y piernas y son capaces de hacer giros de 360 º.

✔ Tal y como hemos visto en capítulos anteriores, es durante la fase de sueño activo, REM, cuando el niño experimenta imágenes cerebrales en forma de sueño.

✔ Mientras que los niños más mayores y los adultos, antes de llegar a la fase REM, pasan por un periodo de sueño profundo que dura como máximo un par de horas, en el caso de los recién nacidos y bebés en sus primeras semanas de vida, estos experimentan una fase de sueño activo prácticamente en cuanto se meten en la cuna: hacen gestos, ejecutan movimientos similares a las convulsiones, sollozan, murmullan, mueven los ojos, agitan los brazos...

✔ ¿Por qué todo este repertorio de "escenografía" asociada al sueño es más intensa durante los primeros meses de vida? Debido a que en las primeras semanas el porcentaje de sueño activo (fase REM) es de aproximadamente el 50 por ciento respecto al sueño total.

✔ Pero a medida que el niño crece, esta fase va disminuyendo progresivamente hasta llegar, alrededor de los dos años, a un porcentaje del 20-25 por ciento, que es el que se va a mantener estable a lo largo de su vida.

✔ Una curiosidad respecto al funcionamiento del cerebro infantil durante el sueño: un grupo de expertos de la Universidad de Columbia, en Nueva York, descubrió que los bebés, además de soñar, aprenden mientras duermen. Para confirmar su hipótesis, los investigadores sometieron a 26 recién nacidos al siguiente experimento: cuando estos dormían, los investigadores emitían un sonido y con un dispositivo les soplaban suavemente sobre los párpados de tal forma que los bebés lo notaran, pero no se despertasen. Comprobaron entonces que los niños apretaban los ojos. Tras repetir la experiencia varias veces, la última de ellas hicieron el ruido pero no soplaron, comprobando que los bebés apretaban los párpados. Los expertos llegaron a la conclusión de que los niños cerraban los ojos porque su cerebro asociaba el sonido con el soplo y actuaban bajo un patrón aprendido, durante el sueño y sin despertarse.

Testimonio

"Durante las primeras semanas de vida de mi hija Ana me di cuenta de que por la noche tenía unos movimientos parecidos a las convulsiones mientras dormía, y a veces estas eran muy violentas. Angustiada, llamé al pediatra, convencida de que se trataba de algo grave. El médico me explicó que, simple y llanamente, era la manifestación de que mi hija estaba teniendo "dulces sueños". Poco a poco me fui acostumbrando y tranquilizando: cuando le daban esa especie de temblores, me la quedaba contemplando y me preguntaba: "¿Qué estará soñando esta vez?"."

7
¿Cuántas horas debe dormir?

Las tablas contenidas en la mayor parte de las guías de puericultura en las cuales se recoge el número de horas que deben dormir los bebés según su edad se refieren a la media de niños. Tu bebé puede dormir más o menos respecto a los parámetros recogidos en estas estadísticas, sin que ello signifique que tiene algún tipo de problema.

Qué dice el experto
"Oficialmente, se considera que el 70 por ciento de los bebés de tres meses duermen desde la medianoche a las 5.00 de la madrugada, y este porcentaje se eleva hasta el 85 por ciento cuando han cumplido los seis meses. Pero no hay que preocuparse si la vuestra es la única ventana del vecindario en la que se ve la luz encendida a las dos de la madrugada. No hay que olvidar que el sueño infantil no se rige por patrones rígidos y que, además, entre los

36

> 18 y los 24 meses, la mitad de los niños que hasta ese momento dormían toda la noche comienzan a despertarse de madrugada. ¡Así que no hay que desesperar!."
>
> Dr. John Pearce, profesor emérito de Psiquiatría Infantil en la Universidad de Nottingham (Gran Bretaña).

✔ Por regla general, un recién nacido puede llegar a dormir hasta 17 horas al día, para pasar, a partir del tercer mes, y con un poco de ayuda, a adoptar el ciclo noche-día. A los 6 meses, las horas totales de sueño se sitúan en torno a las 14 y a partir del año, el sueño es prácticamente solo nocturno y el número de horas se va reduciendo.

✔ El hecho de que el niño duerma menos del promedio recogido en los cuadros y tablas elaborados al respecto no significa que algo vaya mal en su desarrollo, aunque no está de más que se comprueben algunos aspectos de su conducta como, por ejemplo, si está irritable, adormilado o le cuesta fijar la atención. Lo mismo ocurre con los niños que superan la media: tampoco significa nada importante, a no ser que el niño se muestre excesivamente adormilado durante el día o empiece a presentar alteraciones en sus patrones de comida.

El siguiente cuadro recoge los patrones estimados de lo que debería dormir un bebé en cada momento de su desarrollo, pero no se trata de una "regla infalible" ni universal, sino que es una estimación meramente orientativa. No hay que olvidar que cada niño es un mundo en lo que al sueño se refiere y que hay muchas circunstancias que pueden alterar en uno u otro sentido su forma de dormir:

A MODO DE EJEMPLO

Edad: 1 SEMANA
- Sueño nocturno: 8 horas y media
- Sueño diurno: 8 horas
- Sueño total: 16 horas y media

Edad: 4 SEMANAS
- Sueño nocturno: 8 horas, 45 minutos
- Sueño diurno: 6 horas, 45 minutos
- Sueño total: 15 horas y media

Edad: 3-4 MESES
- Sueño nocturno: 10 horas
- Sueño diurno: 5 horas
- Sueño total: 15 horas

Edad: 6 MESES
- Sueño nocturno: 10 horas
- Sueño diurno: 4 horas
- Sueño total: 14 horas

Edad: 9 MESES
- Sueño nocturno: 11 horas, 15 minutos
- Sueño diurno: 2 horas, 45 minutos
- Sueño total: 14 horas

Edad: UN AÑO
- Sueño nocturno: 11 horas, 30 minutos
- Sueño diurno: 2 horas, 30 minutos
- Sueño total: 14 horas

Edad: AÑO Y MEDIO
- Sueño nocturno: 11 horas, 30 minutos
- Sueño diurno: 2 horas
- Sueño total: 13 horas y media.

Edad: 2 AÑOS
- Sueño nocturno: 11 horas, 45 minutos
- Sueño diurno: 1 hora, 15 minutos
- Sueño total: 13 horas

Edad: 3 AÑOS
- Sueño nocturno: 11 horas
- Sueño diurno: 1 hora
- Sueño total: 12 horas

Edad: 4 AÑOS
- Sueño nocturno: 11 horas y media
- Sueño diurno: -
- Sueño total: 11 horas y media

Edad: 5 AÑOS
- Sueño nocturno: 11 horas
- Sueño diurno: -
- Sueño total: 11 horas

Edad: 6 AÑOS
- Sueño nocturno: 10 horas, 45 minutos
- Sueño diurno: -
- Sueño total: 10 horas, 45 minutos

Edad: A PARTIR DE LOS 6 AÑOS
- Sueño nocturno: 10 horas
- Sueño diurno:-
- Sueño total: 10 horas

8
¿Distingue el día de la noche?

Una de las cosas que los diferencia de la mayoría de los animales es que los recién nacidos humanos, cuando abren sus ojos al mundo, son totalmente inexpertos: no saben caminar ni proporcionarse alimento; necesitan ayuda para protegerse del frío e incluso tienen que aprender a dormir. Y en ese aprendizaje, la distinción entre la noche y el día es una "asignatura" que los padres pueden ayudarle a aprobar.

Qué dice el experto

"Cuando metemos a nuestro pequeño en la cuna por la noche, lo lógico es que la habitación esté a oscuras y no oiga tanto ruido como de día. Por el contrario, lo normal es que durante la jornada lo dejemos dormir con algo de luz (solar) y no hagamos nada por evitar los ruidos que se generan en casa o provienen de la calle. Todo ello le ayuda a reconocer las diferencias y distinguir entre vigilia y sueño."

Primera parte

Dr. Eduard Estivill, director de la Clínica del Sueño Estivill, en Barcelona (España).

✔ Uno de los primeros retos a los que tienen que enfrentarse los recién nacidos durante sus primeras semanas de vida es el de aprender a distinguir el día de la noche y adaptar su ritmo de sueño al ciclo de las 24 horas del día.

✔ Se trata de una facultad que no es innata: los bebés no empiezan a desarrollar esa percepción hasta aproximadamente los tres meses de edad. Es en este momento cuando la mayoría de los despertares se producen durante el día y la mayor parte del tiempo que pasan durmiendo coincide con la noche.

✔ Para favorecer esta distinción es muy importante evitar que el niño duerma durante el día en completa oscuridad. Si la excesiva luminosidad diurna dificulta que concilie el sueño se pueden bajar las persianas o estores a la mitad o echar ligeramente las cortinas, pero no se debe dejar la habitación a oscuras.

✔ Es importante que durante el día el niño se familiarice con el ruido de la lavadora, de la aspiradora, de la radio o de las conversaciones en un tono habitual, no susurrante.

✔ De igual manera, cuanto más "oscuro" sea el ambiente nocturno, con más facilidad lo asociará con la hora de dormir. Por eso hay que evitar las luces indirectas procedentes de otras habitaciones o cualquier luz pequeña que pueda alterarle.

✔ Un truco que suele funcionar es no encender inmediatamente la luz cuando se despierte por la noche y, a ser posi-

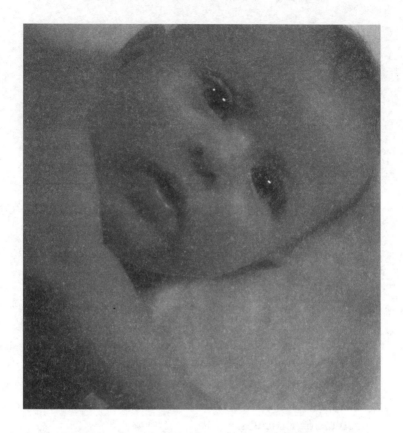

ble, hablarle y atenderle a oscuras (con la ayuda, a lo sumo, de una linterna).

Testimonio

"Mi hija Isabel nació, como se dice, 'con el sueño cambiado': dormía mucho durante el día y por las noches se activaba sobremanera. Lo intentamos todo hasta que al final conseguimos que, mediante un 'plan escenográfico', consiguiera diferenciar el día de la noche y durmiera cuando nosotros lo hacíamos. Este plan, que fuimos perfeccionando con la práctica, consistía básicamente en fabricar tres 'escenarios' distintos: mañana, tarde y noche. En cada uno, la poníamos en una estancia distinta de la casa, la hacíamos jugar con juguetes diferentes, la cambiábamos de ropa e incluso le poníamos música 'matinal', 'vespertina' y 'nocturna'. En pocos días, sus horarios de sueño fueron –¡por fin!– coincidentes con los nuestros."

9
¿Cuándo debería dormir ya "de un tirón"?

Se trata casi con total seguridad de una de las preguntas que más reiteran los padres a los especialistas durante las primeras semanas de vida del bebé. La investigación más reciente realizada al respecto fija el periodo cercano a los tres meses de edad como el más idóneo para que esa circunstancia ("mágica" y "liberadora" para algunos progenitores) se produzca.

Qué dice el experto

"Los bebés son más propensos a empezar a dormir durante el periodo comprendido entre la última hora de la noche y primera hora de la mañana se inicia a los dos meses de edad, y cerca del 50 por ciento lo hace a los cuatro meses."

Dra. Jacqueline Henderson, especialista de la Universidad de Canterbury, en Nueva Zelanda, y autora de una reciente investigación sobre el sueño infantil.

✔ No hay reglas fijas y cada niño tiene unos patrones de sueño distintos, pero como norma general, y según los resultados de una investigación recientemente llevada a cabo por expertos de la Universidad de Canterbury, en Nueva Zelanda, y publicada en la revista Pediatrics, es alrededor de los 3 meses de edad cuando los bebés empiezan a dormir durante un periodo de tiempo razonable, lo más parecido posible a lo que se entiende por "una noche completa".

✔ Otra cosa, sin embargo, es pretender que ese periodo de sueño más extenso coincida exactamente con las horas de sueño de los padres: para eso hay que esperar un poco más. Según esta investigación, si se considera como "una noche de sueño" la que se adapta mejor a las necesidades de la familia, esto es, de 22.00 a las 06.00 horas, los bebé son más propensos a empezar a dormir durante este periodo a los tres meses y más del 50 por ciento lo hace a los 5 meses. Sin embargo, hay que tener en cuenta que muchos bebés no alcanzan este patrón hasta el año de edad.

✔ Los autores de la investigación constataron que a finales del primer año, el 87 por ciento de los bebés dormía cinco horas seguidas; el 86 por ciento ocho horas y el 73 por ciento dormía desde las 10 de la noche a las 6 de la mañana.

✔ Las noches dormidas de un tirón no suelen producirse "por arte de magia" sino que es algo que se consigue mediante intentos repetidos, así que nunca hay que perder la esperanza si el niño tarda en adoptar este patrón.

✔ Eso sí: no hay que cantar victoria de forma definitiva. Se

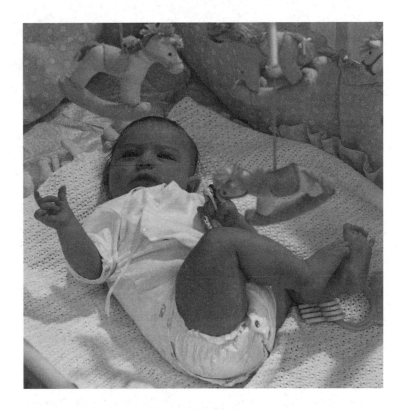

debe tener en cuenta que una vez que el bebé comienza a dormir toda la noche, existe todavía la probabilidad de que se produzca alguna "noche en blanco", en la que el niño se despierte. Esto ocurre, por ejemplo, cuando siente algún tipo de malestar. Pero, por suerte, una vez solucionado el problema, le resulta fácil volver a dormir de nuevo toda la noche.

Cómo ayudarle a conseguirlo

El pediatra Hugh Bases, uno de los autores de la investigación de la Universidad de Canterbury, ofrece una serie de consejos a los padres para conseguir que sus bebés duerman de un tirón cuanto antes:

✔ Acostarlo en la cuna cuando está somnoliento, pero todavía despierto.

✔ Si se despierta a mitad de la noche, no acudir de inmediato a su lado, sino darle tiempo para que se tranquilice por sí solo.

✔ Si sigue llorando y los padres consideran que ya no pueden esperar más, hacerle una visita lo más "aburrida" posible y por un mínimo espacio de tiempo.

✔ No levantarlo de la cuna; en cambio, calmarlo, pasándole una mano por la espalda, hablándole en voz baja y, después, saliendo de la habitación.

✔ Si el bebé simplemente no se tranquiliza de esta manera, no pasa nada por cogerlo en brazos, calmarlo e intentarlo de nuevo a la noche siguiente.

10
¿Y si duerme demasiado?

Siete de cada diez niños tienen unos patrones de sueño que se ajustan a las horas recomendadas para su edad; dos duermen un poco menos que la media y uno de cada diez supera la media, esto es, se podría definir como un auténtico "dormilón". Siempre que este bebé coma y se desarrolle adecuadamente y el pediatra confirme que está perfectamente, hay que hacerse a la idea de que, simplemente, se trata de un niño "de mucho dormir".

Qué dice el experto

"Algunos niños tienen una tendencia a dormir mejor que otros. A aquellos sometidos a emociones fuertes o que tienen unos hábitos irregulares, por ejemplo, les resulta difícil dormir sin ayuda. Otros, en cambio, concilian el sueño y duermen muchas horas sin que los padres apenas tengan que intervenir."

Dr. John Pearce, profesor emérito de Psiquiatría Infantil en la Universidad de Nottingham (Gran Bretaña).

✔ Los patrones de sueño en los niños son muy variables y, por tanto –y al igual que ocurre con los adultos–, unos duermen más y otros menos.

✔ Lo primero que hay que hacer es sumar el total de tiempo que duerme el niño, ya que muchas veces a los padres les da la sensación de que sus hijos pasan más tiempo durmiendo de lo que estos realmente se encuentran en brazos de Morfeo.

✔ Por regla general, si unos padres tienen la suerte de que su hijo haya nacido dormilón, no tienen por qué preocuparse: ello significa que su bebé tiene un temperamento tranquilo y sereno y que disfruta de un sueño profundo que lo hace "indemne" ante el ruido o cualquier otra eventualidad que pudiera despertarle.

✔ Tan solo habría que preocuparse en caso de que el niño deje pasar mucho tiempo entre toma y toma sin despertarse y ello se traduzca en un retardo de su crecimiento (no gana peso al ritmo que debería según su edad).

✔ Otro motivo de preocupación es el hecho de que un niño

que hasta ese momento había manifestado unos patrones de sueño normales, comience de repente a dormir mucho. En estos casos, hay que comprobar si tiene algún malestar aparente, como fiebre y, también, vigilar de cerca su comportamiento al despertar: si llora o se muestra somnoliento o poco receptivo a los estímulos, si se comporta de forma extraña y si no quiere salir de la cuna. En todas estas situaciones hay que llamar al pediatra.

✔ Otra de las causas que se han vinculado con el exceso del sueño infantil es el déficit de hierro y también los problemas relacionados con la tiroides.

✔ Si el niño de repente empieza a dormir más de la cuenta pero está perfectamente sano la causa puede estar en que ha entrado en un periodo de mayor actividad (ha empezado a gatear o a caminar, por ejemplo), por lo que es normal que esté más cansado y, en consecuencia, duerma más.

✔ De todas formas, es importante que a los niños que son dormilones de por sí se les someta a un buen número de estímulos cuando están despiertos, para asegurar así su correcto desarrollo.

✔ A los dormilones hay que despertarles con un poco de "tacto": háblale suavemente, con calma y de forma muy cariñosa; sube las persianas o abre las cortinas lentamente y ponle una música agradable.

Cómo despertar a un dormilón para darle de comer

Cuando el niño duerme como un tronco puede resultar difícil despertarle de su sueño profundo para darle la toma, sobre todo la nocturna. Estos son algunos trucos que pueden resultar efectivos:

- Cambiarle el pañal antes de alimentarlo.
- Irle quitando piezas de ropa –evitando eso sí que se enfríe– de forma que deje de estar tan "a gusto", favoreciendo así que se despierte.
- Pasarle por distintas zonas –la cara, las manos, los pies– una toallita húmeda para que "espabile".

11
Balanceos, movimientos rítmicos y otras "cosas" que hace el niño antes de dormirse

Algunos niños tienen la necesidad de hacer movimientos rítmicos antes de conciliar el sueño: balanceos de la cabeza a ambos lados, "bailes" de una o ambas piernas... Los hay que incluso canturrean. Es una actitud totalmente normal que, según las estadísticas, es más frecuente en las niñas que en los niños (un 80 por ciento frente a un 27 por ciento).

Qué dice el experto
"A los niños les encanta acunarse, de ahí que intenten hacerlo por sí solos. Esta costumbre suele iniciarse en torno a los nueve meses y durante las primeras semanas se trata por lo general de movimientos rítmicos a los que, poco después, se añade la costumbre de golpearse la cabeza. Los más 'testarudos' la mantienen durante semanas, meses o incluso años, aunque pocos siguen con esta

> costumbre después de los cuatro años de edad."
> Giovanni Marcazzan, psicólogo infantil italiano

✔ Son muchos los niños que realizan determinado tipo de movimientos antes de conciliar el sueño. En ocasiones, la intensidad de los mismos es tal que llegan a sacudir la cama o cuna hasta el punto de, en algunos casos, moverla y, en la mayoría de las ocasiones, hacer un ruido que puede incluso llegar a despertar a sus padres.

✔ Se trata de una actitud totalmente normal y está demostrado que ayuda al niño a relajarse y a conciliar el sueño.

✔ Para evitar que el niño se acostumbre a estos movimientos de tal forma que no sea capaz de dormirse si no los ejecuta, y, también para prevenir que vaya a más, una buena medida es no meterlo en la cuna o cama cuando esté muy espabilado o no tenga sueño.

✔ Desde el punto de vista práctico, una medida útil para reducir el ruido producido en la cuna es fijarla al suelo.

✔ Para evitar que se haga daño, se debe acolchar la zona con almohadones (bien fijados a los barrotes, eso sí).

✔ Hay que eliminar de la cuna todos los objetos que puedan producir un sonido añadido cuando el niño se mueva.

✔ Enséñale durante el día otras "alternativas rítmicas": baile, música, nanas o, simplemente, batir las palmas de las manos.

✔ Los balancines, tipo caballitos de madera, también le ayudan a "reproducir" esos movimientos que hace en la cuna. Déjale balancearse en uno de ellos justo hasta el momento en que se vaya a dormir. Cuántas más posibilidades de balanceo rítmico se le ofrezcan fuera de la cuna y de la hora de dormir, antes desaparecerá esta costumbre nocturna.

✔ Si el niño aumenta la intensidad con la que se da contra los barrotes, si mantiene esta actitud hasta después de los 3-4 años de edad y, sobre todo, si también pone en práctica esta costumbre durante el día, sería conveniente hablar con el especialista.

SEÑALES DE SUEÑO INMINENTE

Además de los "balanceos" y otros movimientos, estas son algunas de las señales inequívocas de que el niño está listo para conciliar el sueño:

- Su vista se nubla
- Tiene necesidad de apoyar la cabeza
- "Bailotea" de forma repetitiva
- Se frota la nariz o las orejas
- Le pesan los párpados
- Le pican los ojos
- Arrastra los pies
- Reclama la atención de cualquiera que se acerque a él
- Le molesta la luz
- Llora de forma cansina, sin motivo aparente.
- No soporta que se le lleve la contraria
- Tiene frío

12
Así duermen los bebés en el mundo: curiosidades y costumbres

Rituales tan cotidianos como mecer al bebé, cantarle y arrullarle para conseguir que se duerma son comunes a las madres de los cinco continentes, y así lo ha sido desde tiempos inmemoriales. Cada cultura tiene sus costumbres pero en todas ellas, el vínculo madre-hijo es el protagonista absoluto.

Qué dicen los expertos

"Los niños italianos y españoles suelen dormir la siesta, al igual que sus padres. Por su parte, el 50 por ciento de los bebés africanos duermen junto a sus progenitores. Para algunos, ello contribuye a fortalecer su autoconfianza, ya que nunca está solo. Para otros, sin embargo, esta práctica puede retrasar que el niño llegue a desarrollar un comportamiento autónomo."

Dr. John Pearce, profesor emérito de Psiquiatría Infantil en la Universidad de Nottingham (Gran Bretaña).

En África, piel con piel

En las sociedades africanas tradicionales, la madre y el bebé duermen solos en la misma habitación durante los tres primeros meses. Durante el día, salen a una especie de patio en el que reciben la visita de amigos y conocidos. Los bebés africanos pasan la mayor parte del día sobre la espalda de su madre, y allí duermen durante la jornada, arrullados por los cantos de esta. Es a través de este contacto piel con piel como ambos aprenden a armonizar sus ritmos vitales: la madre "capta" al instante las necesidades de su hijo y el niño se siente seguro y confortado en cualquier momento. Cuando el bebé ya es más mayor, por las noches duerme en una esterilla junto a la cama de sus padres. Los niños siguen durmiendo con sus padres hasta que cumplen 20 meses y las niñas hasta los 3 años. Un dato: en las culturas africanas no se deja llorar al bebé: cada vez que comienza su llanto, se le coge y se le calma.

En Argelia, pegadito a mamá

Lo normal en este país es que durante los primeros meses el niño esté en contacto constante con el pecho materno. Para alimentar a sus bebés, las mamás argelinas se retiran a un lugar tranquilo y aislado. Mientras el niño mama, le hablan y le cantan, y no se miden los tiempos: se le deja al pecho hasta que se duerme. En esta cultura se utiliza a modo de cuna una especie de balancín que, además de permitir acunar al niño, le protege de los insectos y otros animales.

En Brasil, a ritmo suave

Las hamacas forman parte de la cultura brasileña, de ahí que sea el medio utilizado por las madres de este país para mecerse junto a sus hijos y ayudarles a conciliar el sueño. El ritmo al que se mueve la hamaca está acorde con la edad del niño: ligero cuando es recién nacido y más fuerte a partir del segundo o tercer mes. Por otro lado, los bebés brasileños toman el pecho a demanda hasta que han cumplido el año de edad.

En Japón, dedicación absoluta

En la civilización nipona, el espíritu de sacrificio materno marca las pautas: la madre está disponible para atender absolutamente todas las demandas de su bebé. De hecho, está demostrado que los niños japoneses crecen con unos niveles de frustración más bajos que los occidentales (es raro ver a un bebé nipón, por ejemplo, chupándose el pulgar). El niño, hasta que tiene 5 o 6 años, duerme junto a toda su familia y toma leche materna a demanda hasta que cumple los dos años.

En la India, confortable envoltorio

Al igual que los brasileños, los bebés indios se duermen siempre en movimiento. Según la tradición, presente sobre todo en el medio rural, nada más nacer se les envuelve en una especie de "sari a medida", que permite que la madre lo lleve pegado a ella en todo momento. Respecto al llanto de los pequeños, la tradición india es muy clara: nunca hay que dejar llorar a un bebé.

PARTE II:
LA RUTINA DEL SUEÑO DEL BEBÉ

13
Recién nacido: cómo regular su sueño durante los primeros días en casa

Al igual que ocurre con la luna y las mareas, el ritmo diario del recién nacido es de 25 horas, de las que dedica aproximadamente 16 a dormir, con pequeñas variaciones entre un bebé y otro. Sus ciclos de sueño y vigilia no siguen un ritmo ordenado, sino que uno y otro se alternan con mucha rapidez. Habrá que esperar al tercer mes para apreciar en el bebé una verdadera organización de sus ritmos diario y nocturno.

Qué dice el experto
"Algunos recién nacidos son tan anárquicos que ni siquiera cumplen el ritmo característico de las primeras semanas (ciclos que se repiten cada 3 o 4 horas), sino que se despiertan y duermen cuando quieren, sin seguir patrón alguno."
Dr. Eduard Estivill, autor del método para dormir que lleva su nombre.

✔ Hay evidencias de que los bebés duermen durante el parto. Los registros del encefalograma así lo demuestran.

Es en el periodo de las últimas contracciones, las más fuertes, y durante la expulsión cuando el niño se despierta y expande sus pulmones. Su llanto es la forma que tiene de dar salida al aire que ha inspirado.

✔ Por regla general, en la maternidad u hospital el recién nacido tiene mucho sueño y duerme bastante, a lo que sin duda contribuye tanto el esfuerzo del parto (sí, para él también supone un reto) como la adaptación al mundo extra-uterino. De hecho, son muchas las mamás que se preguntan si su bebé no estará durmiendo demasiado...

✔ Lo primero que deben tener claro los padres en cuanto el bebé "aterriza" en el hogar es que durante las primeras semanas, el niño no tiene aún un horario establecido, y muchos de ellos confunden el día con la noche.

✔ La clave para empezar a conocer los patrones de sueño del niño es aprender a observarlo durante sus primeras semanas de vida, distinguiendo su sueño ligero (REM), durante el cual sueña, esboza un gesto parecido a una sonrisa e incluso puede emitir ligeros ruidos. Muchos padres piensan, al ver estas manifestaciones, que el niño está prácticamente despierto y lo cogen en brazos. Sin embargo, si en esta fase se le despierta totalmente, se puede desorganizar y dar al traste con la incipiente regulación de sus ciclos, dificultando el paso a la fase de sueño más profundo (No REM). Además, este tipo de despertar puede ponerlo nervioso, ya que en este momento sus neuronas son muy excitables.

✔ A partir de la cuarta semana aproximadamente, ya empieza a haber una cierta continuidad; entre la sexta y la octava semana, el niño duerme una media de 16 horas al día, distribuidas en 6 o 7 periodos en el curso de las 24 horas.

Tablas de sueño: orientativas sí; obligatorias, no

La duración del periodo de sueño está directamente relacionada con la edad del niño, y los hábitos nocturnos van variando según un esquema bastante estable. Pero también pueden producirse variaciones individuales. Nunca hay que perder de vista que las pautas que indican cuánto debe dormir el niño en cada momento son meramente orientativas, y no hay que preocuparse si los patrones de tu bebé no se ajustan fielmente a lo que reflejan los cuadros y tablas que puedes encontrar en los libros de puericultura.

14
Por qué es tan importante establecer una rutina del sueño

Aunque hay bebés –los menos, la verdad– que tienen una capacidad innata para conciliar el sueño durante la noche, el hábito de dormir debe ser desarrollado mediante la repetición de determinados gestos durante varias semanas. Para ello, hay distintos métodos, teorías o estrategias, pero todas ellas están compuestas por los mismos ingredientes: paciencia, perseverancia y un estrecho control de todas las reacciones del niño al respecto.

Qué dice el experto

"El recién nacido, igual que el feto, no tiene horarios: se nutre, duerme, hace sus necesidades, etc., cuando quiere o cuando lo necesita. A medida que crece, el bebé deberá aprender, entre otras cosas, a convertirse en un 'ser social' que come y duerme a determinadas horas y en determinados sitios; hace sus necesidades donde puede o debe…. Esta socialización exige una organización mental, de ahí que introducir rutinas en el día a día del niño ayude a que esta sea factible y exitosa."

Dr. José Antonio Martínez Orgado, pediatra del Servicio de Neonatología del Hospital Universitario Puerta de Hierro, de Madrid (España)

✔ Conseguir que un bebé se duerma es mucho más que el mero trámite de meterlo en la cama o en la cuna. Se trata de un auténtico "ritual" en el que un variado número de elementos y circunstancias juegan su papel y tienen su razón de ser y, además, deben estructurarse de forma conjunta todos los días y de la misma manera.

✔ Planteado así, podría parecer una definición matemática y, de hecho, la rutina del sueño infantil tiene bastantes componentes similares a "fórmulas", "tiempos", "mediciones", "repeticiones"…

✔ Todo esto, que puede parecer tan complejo, se puede resumir en una sencilla máxima: hacer todos los días lo mismo, en el mismo orden y a la misma hora. Con ello, lo que se pretende es que el niño adopte el "chip" mental de que la hora de dormir se acerca, con todos los beneficios que ello tiene para su desarrollo (regulación de sus ciclos de sueño, diferenciación de los periodos de sueño-vigilia...).

✔ Aunque no todos los niños adoptan la rutina dócilmente (hay algunos que son "espíritus indómitos" ya desde muy pequeños), todas las investigaciones realizadas al respecto han demostrado que, en lo que a dormir se refiere, los niños reaccionan mejor ante una continuidad en la rutina. En líneas generales, cuanto más inflexibles son los padres con este aspecto de la rutina, menos problemas planteará el niño a la hora de dormir.

✔ Las premisas básicas de toda rutina pro-sueño son las siguientes: acostumbrar al bebé a dormir a la misma hora, en su cuna y con sus 'objetos transferenciales' (muñecos o similares); realizar todos los días los mismos gestos previos al momento de acostarse (baño, cena, cambio de pañal); y reaccionar de igual manera cuando el niño muestra reticencia a dormirse o se despierta por la noche.

✔ En definitiva, desde el principio, el niño tiene que asociar la hora de dormir a una rutina muy definida. Báñale antes de darle la toma previa a acostarle y hazlo siempre a la misma hora; asegúrate de que duerma con ropa cómoda y que no pase si frío ni calor y, sobre todo, repite los mismos gestos día a día.

Todos los días a la misma hora: así le beneficia

✔ El hecho de tener una rutina en la que a diario se repitan los mismos gestos y actividades proporciona al niño una agradable sensación de seguridad, lo que hace que tenga menos alteraciones del sueño.

✔ En los niños para los cuales su cama y su dormitorio se ha convertido en algo desagradable y un desencadenante de llantos y rabietas, el establecimiento de una rutina agradable contribuye a disminuir estas respuestas de implicación emocional.

✔ Una de las mayores ventajas de establecer una rutina es que el niño sabe lo que se espera de él. Si, por ejemplo, una noche se le lleva a la cama y se le deja solo, otra acompaña a los padres viendo la televisión o cada noche se le acuesta a una hora distinta, terminará desconcertado y le será muy difícil desarrollar unos patrones de sueño adecuados.

15
Cuco, cuna, su primera cama... claves para acertar

Durante los nueve meses que el niño pasa en el útero materno se siente seguro, protegido y reconfortado en el espacio reducido que este ocupa. Al nacer, el tipo de cuco, moisés o cuna de barrotes, debería proporcionarle un confort cuanto menos parecido y, fundamentalmente, todas las garantías de seguridad.

Qué dicen los expertos

"Antes de poner al niño en la cama o en la cuna, los padres deben hacerse las siguientes preguntas: ¿hay alguna manera de que se salga fuera de la cuna?; ¿podría acceder de alguna manera a la ventana de la habitación, si la hay?; si se levanta antes que nosotros, por la mañana, ¿puede acceder a algo que entrañe peligro para él en la cocina o en el baño?"

Dr. John Pearce, profesor emérito de Psiquiatría Infantil en la Universidad de Nottingham (Gran Bretaña).

✔ El cuco primero, la cuna después y, en último lugar, la cama, son uno de los elementos que tienen más importancia durante los primeros años de vida del niño. Se trata de "sus dominios", que llega incluso a integrar en su propio organismo. En definitiva, el lugar donde duerme es mucho más que un mero instrumento del mobiliario. De

ahí la importancia de acertar de pleno en su elección.

✔ Durante los primeros meses, lo más indicado es el cuco o moisés, que presenta una doble ventaja: por un lado, permite que el niño duerma al lado de la cama de los padres y, por otro, es más parecido, en cuanto a dimensiones y entorno de "recogimiento", al útero materno que una cuna convencional en la que los niños tan pequeños, literalmente, se pierden.

✔ Cuando llega el momento de pasarle a la cuna (en torno a los tres meses, aproximadamente) lo primero que hay que comprobar es que esta se ajuste a las normas básicas de seguridad (cada país tiene las suyas, pero, en esencia, son similares). En cuanto al material en el que esté elaborada, cuanto más natural, mejor. Es importante que, en el caso de que sea barnizada o pintada, te asegures que para ello no se han utilizado productos tóxicos, ya que es frecuente que los bebés se entretengan chupando los barrotes.

La tripa de mamá, la cuna del bebé: similitudes y diferencias

En sus primeras semanas de vida el niño percibe en mayor o menor medida el cambio del confort y la seguridad que le proporciona el útero materno al ambiente sin duda más "artificial" que le rodea en un cuco y un moisés primero y la cuna después:

✔ En el útero materno: su temperatura es constante (en torno a los 37 ºC) y nunca cambia; prácticamente solo oye el sonido del latido del corazón materno y, a lo lejos, también el tono de su voz; se mueve con total libertad; está acostumbrado a respirar a través del cordón umbili-

cal (algo que, por otro lado, no le supone ningún esfuerzo); no experimenta cambios significativos de luz, y está
rodeado de un ambiente de tranquilidad.

✔ En el cuco o cuna: Desde el primer momento el niño se
expone a sensaciones nuevas y en algunos casos estas son
diametralmente opuestas a sus vivencias uterinas. La primera sensación que experimenta es la de frío y después, la
de calor. Durante las primeras semanas de vida el "termostato" de su cuerpo aún no funciona bien y con frecuencia
se "destempla". En su habitación, la luz varía constante-
mente y, aunque el recién nacido aún no es capaz de percibir los colores, sí que se percata de las distintos brillos e
intensidades. En cuanto a los sonidos, por pequeños que
estos sean, los oye con muchísima intensidad. Pero tal vez
la sensación más novedosa para él sea la de hambre: obtener el alimento del pecho de su madre le supone todo un
esfuerzo que además, durante los primeros días (en los
que se produce el calostro o primera leche) tiene una
recompensa que no le resulta demasiado saciante.

16
El colchón ideal

**Va a pasar muchas horas sobre él, así que es importante in-
vertir tiempo y dinero en adquirir un colchón que reúna
todas las condiciones de seguridad y comodidad para la cuna del bebé. El tamaño, la altura y el material empleado son
algunos aspectos que nunca hay que perder de vista.**

Qué dice el experto

"Hay que aconsejar a los padres no usar nunca almohadas, peluches, mantas pesadas u otros artículos blandos o esponjosos en la cuna de los bebés. La ropa de cama suave puede acabar cubriendo la cara del niño y bloquear su respiración. Los bebés deben tener su propia cuna, con un colchón firme y una sábana ajustada."

Dra. Judith S. Palfrey, presidenta de la Academia Americana de Pediatría.

✔ Lo primero que se debe tener en cuenta es que hay que acostar al niño siempre en una superficie firme como un colchón para cuna con seguridad aprobada.

✔ Básicamente, el colchón ideal es aquel que se adecúa perfectamente al tamaño del cuco o la cuna. El espacio máximo que debe quedar entre el colchón y la cuna es el equivalente a un dedo, lo suficiente para poder cambiar fácilmente las sábanas, pero sin entrañar riesgo para el niño.

✔ Lo mejor es decantarse por un modelo que tenga relleno hipoalergénico. En las tiendas especializadas hay muchas opciones entre las que elegir. Algunas presentan incluso un doble lado: uno para el verano y otro para el invierno.

✔ También es importante que el colchón no quede muy alto respecto a los límites del cuco o cuna. La altura del colchón con respecto a los bordes debe ser de aproximadamente entre 60 y 70 centímetros, para evitar así cualquier posibilidad de que el niño se asome y se caiga.

✔ Si se trata de un colchón de segunda mano, hay que verificar que se encuentra en las condiciones óptimas y –muy importante– comprobar meticulosamente que no tiene ninguna rotura o agujero.

✔ Además, debe tratarse de un colchón firme, ya que de esta forma le será más fácil levantar la cabeza mientras está tumbado. Un colchón excesivamente blando puede presentar para el niño un potencial riesgo de asfixia, además de ser nocivo para su espalda.

✔ Se debe cubrir el colchón con una sábana ajustable.

✔ Nunca hay que poner a dormir al niño sobre almohadas, colchas, pieles u otras superficies suaves.

✔ En cuanto a las sábanas, deben tener el mismo tamaño del colchón, para evitar que el niño se enrede en ellas. La de abajo debe ser elástica, de forma que quede perfectamente pegada al colchón. Las sábanas de la cuna deben ser de fibras naturales (preferiblemente algodón) y, al igual que con otros tantos accesorios del bebé se recomienda lavarlas antes del primer uso, para eliminar cualquier resto de almidón u otro producto que pueda resultar perjudicial al niño.

¿La colcha o edredón, cuándo?

Todo depende del grado de agitación del niño durante la noche. Para ello, hay que observar el estado en el que se encuentra la cuna o cama cuando el niño se despierta. Si la ropa de cama está revuelta o enredada significa que el niño se mueve en exceso por la noche y, por tanto, no es aconsejable añadir más prendas de ropa. En estos casos lo mejor es ponerle un pijama que le abrigue lo suficiente (los mejores son los que incluyen los pies) para que así, aunque el niño se destape, no coja frío.

Por lo general, a partir de los 3-4 años ya se puede vestir completamente la cama del niño, manta y edredón e incluidos.

17
Almohada: mejor, sin ella

Cuando se prepara la habitación del bebé a la mayoría de los padres les surge la duda de si deben incorporar o no la almohada al ajuar destinado a la cuna. No hay necesidad de incluirla en la listas de puericultura, al menos hasta que el niño haya cumplido el año de edad.

Qué dice el experto
"Las almohadas pueden llegar a resultar peligrosas para los bebés porque pueden interferir en su respiración. Como regla general, hay que esperar hasta que el niño tenga entre un año y 18 meses para que empiece a dormir con almohada."
Dr. John Pearce, profesor emérito de Psiquiatría Infantil en la Universidad de Nottingham (Gran Bretaña).

✔ La primera razón por la que no es aconsejable que los niños duerman con almohada es la morfología que presentan al nacer: por lo general, la cabeza es proporcionalmente más grande respecto a su pequeño cuerpo, con lo que, en el caso de colocarla sobre una almohada, su hombro no tendría el apoyo adecuado y su columna no adquiriría la postura natural.

✔ Sin embargo, el mayor riesgo que presenta la almohada para el bebé está relacionado con la posibilidad de que se dé la vuelta y adquiera la postura boca abajo, lo que puede llevarle a respirar su propio anhídrido carbónico, con el riesgo de ahogamiento que ello conlleva.

✔ Por la misma razón el uso de la almohada también se ha relacionado con el Síndrome de Muerte Súbita del Lactante.

✔ Tampoco es recomendable dejar en la cuna peluches, muñecos o cojines, aunque sea a los pies. Hay niños que se mueven mucho durante el sueño, de ahí que estos objetos puedan convertirse también en riesgos potenciales. La premisa es: la cuna, cuanto más diáfana, mejor.

✔ En la misma línea, y por los mismos motivos, nunca hay que acostar al bebé sobre una superficie blanda como un sofá, un colchón de agua, un puf o un almohadón.

✔ Cuando llega el momento en que el niño duerme con almohada, esta no debe ser similar a la de los adultos sino específica para niños: fina y a la vez firme, a ser posible del mismo ancho de la cama o cuna. Debe estar recubierta de una funda elaborada en un tejido lavable.

El "colecho": una costumbre muy discutida

El "colecho" o lo que es lo mismo, la práctica de compartir la cama con un bebé, muy típica de la sociedad norteamericana y también en muchas culturas no occidentales, ha suscitado la polémica entre los expertos. Los defensores de esta costumbre aseguran que facilita la lactancia materna, al hacer más cómodas las tomas nocturnas; favorece el vínculo materno filiar y asegura una mayor número de horas de sueño tanto a los padres como al bebé. Sin embargo, tanto la Academia Americana de Pediatría como la Comisión para la Seguridad de los Productos de Consumo (CPSC) recomiendan a los padres no dormir en la misma cama de sus hijos ya esta costumbre está relacionada con un mayor riesgo de asfixia y estrangulamiento. En efecto, según una investigación realizada al respecto, entre 1990 y 1997, al menos 515 fallecimientos de lactantes y niños menores de dos años estuvieron relacionados con el hecho de dormir con adultos. Según constataron los autores del estudio, en más del 75 por ciento de los casos los bebés fallecidos tenían menos de tres meses de edad, y 121 de estas muertes estuvieron relacionadas con el aplastamiento del niño por parte del adulto con el que compartía la cama.

18

Cómo acostarle en la cuna

¿Cómo se debe acostar al bebé en la cuna? Siempre, siempre, siempre... boca arriba. Contrariamente a lo que se ha venido haciendo durante años, las investigaciones realizadas al respecto han sido unánimes y contundentes: la mejor forma de prevenir el Síndrome de Muerte Súbita del Lactante es acostar a los bebés sobre su espalda, esto es, boca arriba.

Qué dice el experto

"El camino más eficaz para reducir el riesgo de Síndrome de Muerte Súbita del Lactante es poner siempre a los bebés a dormir boca arriba, tanto durante las siestas como por la noche."

Dr. Alan Guttmacher, director del Instituto Nacional de Salud Infantil y Desarrollo Humano (NICHD), de Estados Unidos.

✔ Se estima que como resultado de las numerosas campañas destinadas a concienciar a los padres sobre la necesidad de acostar a sus hijos boca arriba, en los últimos años el número de casos de Muerte Súbita del Lactante se ha dividido entre cuatro.

✔ Es muy importante confirmar que el niño adopta esta postura siempre, tanto durante la noche como en las pequeñas siestas que pueda dormir a lo largo del día.

✔ Tampoco es recomendable acostarlo de lado. Según investigaciones recientes, poner a dormir a los bebés de lado reduce hasta cinco veces el riesgo de Muerte Súbita del Lactante respecto a ponerlo boca abajo, pero sin embargo implica el doble de posibilidades de que el niño fallezca por esta causa en comparación con los que duermen boca arriba.

✔ No hay que recurrir a los modelos de cojines posicionadores comercializados por algunas tiendas de puericultura. Estos cojines (colchonetas planas con refuerzos laterales o almohadones cuña con refuerzos) se utilizan para ayudar a los bebés a que se mantengan boca arriba mientras duermen. Sin embargo, en los últimos tiempos, las autoridades en materia de seguridad han desaconsejado su uso, ya que estos productos se han relacionado con algunas muertes infantiles producidas, al parecer, al darse la vuelta los niños y quedar atrapados entre el posicionador y la cuna.

✔ Por otro lado, no es habitual que los niños se mantengan estáticos boca arriba y en el centro de la cuna. Lo normal es que adopten una postura transversa, con la cabeza en un ángulo, una costumbre que le trae recuerdos de los tiempos en los que "navegaban" en el útero materno.

Cabeza al norte, pies al sur

Un experimento llevado a cabo en el Centro del Sueño de Berkeley (EE.UU.) demostró que la presión sanguínea desciende cuando la cabeza está situada al norte, mientras que la profundidad del sueño es mayor si la cama o cuna está orientada hacia el este o el oeste. No se trata sin embargo de un descubrimiento reciente: desde hace miles de años, los chinos atribuyeron una enorme importancia a la forma en la que estaban orientados los muebles en las distintas estancias de una casa. Aplicando estos principios al sueño infantil, algunos expertos recomiendan que si el niño no duerme y no hay un motivo aparente que lo justifique, se puede probar a colocar la cama o cuna en distintas posiciones y comprobar en cuál de ellas su sueño resulta más tranquilo y apacible.

19
Muerte Súbita del Lactante: así se puede prevenir

Aunque aún se desconoce la causa última que produce el SMSL (Síndrome de Muerte Súbita del Lactante) las investigaciones han señalado tres factores claramente implicados en este síndrome: dormir boca abajo, el sobrecalentamiento ambiental y el tabaquismo, sobre todo el materno.

Qué dice el experto

"Muchas mujeres no están concienciadas de los riesgos asociados al tabaquismo durante el embarazo y la lactancia. Cerca de un lactante, nadie debería fumar."

Dr. Frederic Camarasa, coordinador del Grupo de Trabajo para el Estudio y la Prevención de la Muerte Súbita del Lactante de la Asociación Española de Pediatría.

✔ El SMSL (Síndrome de Muerte Súbita del Lactante) se refiere al fallecimiento repentino de un niño menor de un año de edad sin una explicación tras una investigación completa que incluye la práctica de autopsia, el estudio del entorno donde se ha producido y sus antecedentes de salud.

✔ Se produce con más frecuencia por la noche, se ha demostrado que hay una mayor prevalencia entre el sexo masculino y que el 80 por ciento de los casos se producen antes de que el bebé cumpla los 4 meses de edad.

✔ La medida fundamental para prevenir este síndrome es asegurarse de que el niño duerme, tanto durante la noche como en las siestas durante el día, boca arriba.

✔ Otra medida de previsión fundamental: hay que evitar a toda costa que los padres, la cuidadora u otros miembros de la familia fumen en la habitación del bebé o en las estancias en las que este pasa la mayor parte del tiempo.

✔ También es muy importante controlar la temperatura de la habitación en la que se encuentra el niño, ya que el sobrecalentamiento ambiental también se ha relacionado con un mayor riesgo de padecer este síndrome. Asímismo, hay que abrigar al bebé con ropa de dormir ligera.

✔ Por otro lado, es recomendable retirar todos los objetos suaves, juguetes o ropa de cama suelta fuera de la zona en la que duerme el bebé. Es muy importante mantener alejado cualquier objeto de su cara.

✔ Los bebés no deben dormir nunca en una cama, sofá o sillón con adultos u otros niños. Si se le lleva a la cama de los padres para darle el pecho hay que devolverlo a la cuna o cuco una vez haya terminado.

✔ En el mercado existen algunos dispositivos que aseguran reducir el síndrome de muerte súbita del bebé. Sin embargo, tanto las autoridades como distintos organismos (entre ellos el Instituto Nacional de Salud Infantil y Desarrollo Humano, en EE.UU.), han desaconsejado su uso ya que no se ha comprobado la seguridad y la eficacia de la mayoría de ellos.

Y despierto, boca abajo

Afortunadamente, los papás actuales están ya muy concienciados sobre la necesidad de que sus hijos duerman boca arriba mientras son bebés, una recomendación relativamente reciente (no hay más que hojear cualquier manual de puericultura de los años setenta y ochenta). Pero el hecho de poner en práctica esta medida no debe hacer olvidar la necesidad que tienen los bebés, cuando están despiertos, de estar boca abajo, sobre su barriga. Esta postura le ayuda a fortalecer los músculos del cuello, los hombros y la cabeza. También es importante que permanezca en esta posición para disminuir la posibilidad de que se desarrollen áreas planas en su cabeza. Eso sí: siempre que se encuentre en esta posición debe estar vigilado por la madre u otra persona.

20
La luz: ¿encendida o apagada?

El miedo a la oscuridad es un "clásico" en lo que problemas del sueño infantil se refiere. La razón es que, al igual que les pasa a los adultos, de noche todo se sobredimensiona, y el hecho de despertarse y no ver a sus padres alrededor puede producir en el niño un temor que es totalmente normal... pero con el que, según los expertos, debe aprender a lidiar desde el primer momento. El objetivo es que se adapte a la rutina que impera en la casa, esto es, dormir con la luz apagada.

Qué dicen los expertos
"Según mi experiencia, los niños menores de tres años que duermen en una cama y que necesitan dormirse con una luz encendida son más proclives a despertarse por la noche y tener dificultades para volverse a dormir."
Gina Ford, Consejera británica especializada en educación infantil y autora de numerosos libros al respecto.

✔ Hace unos años, investigadores de la Universidad de Pensilvania (EE.UU.) realizaron un estudio que concluía que los niños de hasta dos años de edad que dormían con la luz encendida tenían más riesgo de desarrollar miopía que los que pasaban la noche totalmente a oscuras. Sin embargo, numerosas investigaciones posteriores pusieron en tela de juicio este hallazgo y, a día de hoy, se puede decir que no hay evidencias científicas que sustenten la afirmación de que dormir con la luz encendida pueda producir a la larga problemas de visión en los niños.

✔ Por otro lado, hay expertos que apuntan a que el hecho de dormir con la luz encendida puede romper el ciclo biológico natural, haciendo más difícil que el niño distinga entre el día y la noche y distorsionando por tanto esa rutina tan necesaria para ayudarle a conciliar el sueño.

✔ Está demostrado que, tanto en niños como en adultos, dormir con la luz encendida interfiere en la producción de melatonina. Los ritmos de producción de esta hormona vienen impuestos por la luz, aumentando sus niveles por

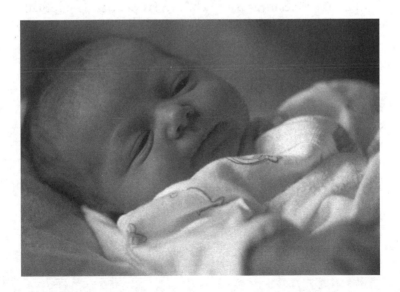

la noche y reduciéndose con la luz del día. Las investigaciones realizadas al respecto han demostrado que la forma
más efectiva de incrementar sus niveles de forma natural
es irse pronto a la cama (en torno a las 22.00 horas) y dormir con total oscuridad.

✔ Aplicando todo esto a la práctica, es mejor, cuando el bebé
llora por la noche, que oiga la voz de mamá o papá que
encender la luz. Y lo mismo ocurre para conciliar el sueño:
resulta mucho más efectivo acunarle o balancearle en la
oscuridad. Se trata de facilitar que se adapte de forma
óptima al ritmo habitual del resto de la familia: luz de día,
oscuridad de noche.

✔ En aquellos casos en los que el niño esté muy inquieto, se
despierte con frecuencia por la noche o, si es más mayor,
ya haya manifestado miedo a la oscuridad, se puede optar
por una solución intermedia: dejar una pequeña luz tenue.
Las hay específicas para bebés en las tiendas de puericul-

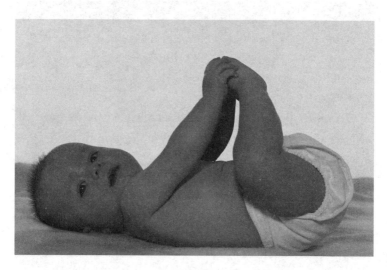

tura. También se puede recurrir a ellas en situaciones puntuales (cuando el niño esté enfermo, por ejemplo).

Testimonio

" Desde muy pequeña mi hija Laura se inquietaba en cuanto apagaba la luz de su habitación. Se ponía a llorar nada más darle al interruptor. Esto nos obligó, mientras durmió con nosotros, a pasar largas noches con la luz encendida; hasta que un día, casi por casualidad, descubrí la solución: en cuanto apagué la luz empecé a entonar una canción de cuna y, por arte de magia, se quedó dormida sin protestar. Al día siguiente hice lo mismo, con la misma canción, y el efecto fue similar. Aún hoy en día, que ya duerme en su habitación, entono la misma melodía cuando la oigo protestar desde su cuna.... Y a los pocos minutos vuelve a dormir como un angelito."

21
¿Silencio absoluto, ruido o "sonido ambiente"?

Cada niño tienen una sensibilidad distinta en lo que al ruido se refiere, y este es un rasgo de su personalidad que los padres pronto empiezan a conocer. La clave está en saber qué ruidos le resultan especialmente desagradables (que no tienen por qué coincidir con los que molestan a los padres) y mantener las pautas de la lógica: sonido "ambiente" por el día y el mayor silencio posible durante la noche.

Elizabeth Doodson

Qué dice el experto

"Cada bebé tiene un umbral de estímulo diferente para despertarse por la noche. Algunos pueden dormir en medio de un estrépito; a otros parece que los despertara el ruido de la caída de un alfiler."

Dr. William Sears, pediatra norteamericano autor de más de 40 libros sobre educación infantil.

✔ Aunque hay varias teorías al respecto, los expertos coinciden en que lo mejor para que los bebés aprendan a distinguir cuanto antes el día de la noche y adapten a esta diferenciación sus ritmos de sueño es familiarizarlos con los ruidos ambientales.

✔ Durante el día es recomendable que el niño se acostumbre a estar en ambientes distintos de aquel en el que va a dormir y que en ellos haya el sonido normal procedente de las actividades cotidianas de la casa: música, electrodomésticos, etc.

✔ Cuando se acerca la noche, el ruido ambiente de la casa debe ir "decreciendo" (bajar el volumen del televisor, no elevar la voz...) de forma que el niño perciba que ha llegado el momento de irse a la cama.

✔ Para remarcar esta diferencia es importante minimizar todos los ruidos que puedan desvelarle durante la noche, como puede ser, por ejemplo, los movimientos de la cuna. Para ello nada mejor que lubricar todas las partes móviles, de forma que no suene ninguna de ellas.

✔ Algunos niños son especialmente sensibles a los ruidos súbitos (como por ejemplo, los que proceden de la calle). Para reducir el impacto de estos se puede recurrir a lo que los experto denominan "ruido blanco", esto es, un ruido constante de fondo como, por ejemplo, el que emite un ventilador. Son sonidos monótonos que "adormecen" su mente.

✔ Es una idea totalmente desaconsejable encender la televisión en la habitación en la que duerme el bebé con la creencia de que el sonido de fondo le ayudará a conciliar el sueño. Muy al contrario: las estridencias del sonido y la luz que emite este aparato pueden alterar e interrumpir sus patrones de sueño.

Atención a los ruidos de fondo

Numerosas investigaciones han demostrado que el entorno suena de manera distinta en el oído del bebé y en el del adulto. La principal diferencia es que los bebés generalizan y oyen todas las frecuencias de forma simultánea, de ahí que en ocasiones reaccionen de forma intensa ante ruidos inesperados. Y es que para ellos, los ruidos de fondo están más presentes de lo que pudiera parecer. La capacidad de discriminar sonidos y de localizar de manera selectiva un sonido interesante es algo que tiene que ir desarrollando a medida que crezca. De ahí la importancia de que, por ejemplo, cuando se le esté contando un cuento o cantando una canción, no haya ningún ruido de fondo (la radio, la televisión) que pueda alterar la voz de mamá o papá y distraerle del contenido de lo que le está contando.

22
La hora del baño: un buen preámbulo

Si hay un "prolegómeno" efectivo del sueño, ese es un baño caliente a última hora de la tarde. Esto es así para la mayoría de los niños. Sin embargo, hay otros para los que el baño supone una situación estresante, por lo que someterlos a él antes de irse a la cama puede propiciar justo el efecto contrario al que se persigue.

Qué dice el experto

"Da igual el momento del día en que se realice el baño; lo importante es hacerlo siempre en el mismo orden, para que el niño pueda relacionarlo con lo que vendrá después. El orden puede ser baño, cena y sueño o bien, si se realiza por la mañana, baño, desayuno, paseo. Lo primordial es no ser anárquicos y procurar que siempre, o casi siempre, se realice cada cosa a la misma hora."

Dr. Eduard Estivill, director de la Clínica del Sueño Estivill, en Barcelona (España) y autor del método para dormir que lleva su nombre.

✔ La hora del baño es mucho más que un mero trámite para asegurar la correcta higiene del niño. Debe convertirse en un auténtico ritual destinado a reforzar los lazos con él, a proporcionarle un buen número de estímulos necesarios para su desarrollo y a ayudarle a eliminar las tensiones que haya podido acumular.

✔ Para que este momento sea perfecto y se cree ese ambiente beneficioso que se persigue, lo mejor es desconectarse del mundo exterior (teléfono, timbre de la puerta...) y centrar la atención en el bebé.

✔ Es importante preparar previamente todo lo que se va a necesitar: toalla, productos, muda, pañal, pijamas... de forma que esté a mano y no se rompa el "ritmo" del momento.

✔ La temperatura del baño o habitación es muy importante: debe estar al menos a 21 ºC. También es clave la temperatura del agua: en torno a los 37 ºC. Los termómetros de baño son muy útiles en este sentido.

✔ El modelo de bañera depende de los gustos de los padres y de las necesidades de espacio que haya en el hogar. Hay muchas entre las que elegir: integradas en el mueble cambiador, sueltas, ajustables a la bañera familiar, hinchables... Lo importante es que reúna todas las condiciones de seguridad y –de vital importancia– nunca dejar al niño solo en ella, ni siquiera por unos pocos segundos.

✔ La forma correcta de coger al niño dentro de la bañera para evitar que se escurra es la siguiente: meterlo poco a poco dentro del agua, sujetándolo con firmeza, pero sin apretarle demasiado, pasando un brazo por detrás de sus hombros mientras con la otra mano se le va humedeciendo el cuerpo con la ayuda de una esponja natural.

✔ Aunque lo ideal es que el baño dure entre 10 y 15 minutos (20 como máximo) hay que estar atento a las reacciones del niño: si está inquieto, se pone rígido y ofrece muestras evidentes de que no lo está pasando bien, hay que sacarlo del agua en cuanto se le haya limpiado debidamente.

✔ El momento posterior al baño, cuando se le aplica la crema o aceite para bebés antes de vestirle, es una oportunidad estupenda para tonificarle y relajarle mediante caricias y masajes. Prolóngalo el tiempo que sea necesario vigilando, eso sí, que el niño no se enfríe.

Un toque esencial

Un baño caliente al que se hayan añadido una gota de aceite esencial de lavanda puede facilitar que el niño se relaje. Otra opción es verter en el agua del baño una infusión de melisa, tila o valeriana, para favorecer una sensación de calma y relax que le predisponga al sueño.

También es efectivo, para aumentar el efecto de relajación, asegurarle un ambiente lo más tranquilo e incitador al sueño posible: un difusor con aroma de lavanda, una música infantil suave de fondo y una luz relajante pueden hacer maravillas en el sistema nervioso del bebé, incitándole a dormir a pierna suelta.

23
Limpio y seco: preparándole para una noche confortable

El cambio de pañal; un pijama cómodo, confortable y elaborado en un material que mime su piel; y una cuna que le asegure todo el confort necesario para sus dulces sueños. Estos son los ingredientes fundamentales para poner al niño "en situación" de pasar muchas horas en brazos de Morfeo.

Qué dice el experto

"Los padres y los cuidadores deben vestir a los bebés con ropa liviana para dormir y mantener la habitación a una temperatura que resulte agradable para los adultos. Es muy importante evitar el uso de varias capas de ropa, ropa

> de abrigo, mantas gruesas y temperaturas elevadas en la habitación."
> Dr. Alan Guttmacher, director del Instituto Nacional de Salud Infantil y Desarrollo Humano (NICHD), de Estados Unidos.

✔ El cambio de pañal es fundamental cuando se acerca la hora de que el niño se vaya a dormir. Cuanto más limpio, fresco y seco se meta en su cuna, más posibilidades hay de que su sueño sea profundo y reparador.

✔ El tipo de ropa con el que duerme también es importante. Siempre hay que optar por los modelos de algodón, ya que se trata de una prenda que está en contacto directo con su piel. Lo mejor son los pijamas de una pieza, que abrigan todo su cuerpo (evitando así que coja frío en la tripa) y evitar los modelos con elásticos u otros diseños que puedan apretarle (a algunos niños, las prendas apretadas en la cintura les lleva a vomitar o regurgitar).

✔ En invierno, la clave es abrigarle lo suficiente (muy recomendables los pijamas de algodón aterciopelado) como para no tener que taparle con una manta. En verano, lo más aconsejable es ponerle un pijama corto.

✔ Todas sus prendas de ropa, pero especialmente las de dormir, deben estar libres de etiquetas y costuras que puedan provocarle molestias en su piel que le lleven a alterar su sueño.

✔ Para comprobar que la ropa no le produce ninguna molestia hay vigilar que su piel no tenga marcas rojizas debido al rozamiento y, también, que la ropa no le quede pequeña y, por tanto, le apriete o le resulte agobiante.

✔ En cuanto a la ropa de cama, se le puede cubrir con una manta liviana, pero solo hasta la altura del pecho del niño.

Objetivo: prevenir la dermatitis del pañal

La llamada dermatitis del pañal afecta al 75 por ciento de los lactantes. Se trata de un proceso inflamatorio de la piel que, como su nombre indica, afecta a la piel que está en contacto con el pañal. Su síntoma más característico es un enrojecimiento de la piel que puede ir acompañado de escoceduras y de manchas con lesiones en los bordes. Su causa más directa es el contacto durante un tiempo prolongado de la piel húmeda con el pañal. Esto, unido a otras circunstancias, hace que se altere la barrera cutánea, llegando incluso a infectarse la zona. Para prevenir su aparición lo mejor es cambiar al niño con la máxima frecuencia posible y, siempre, antes de acostarlo a dormir.

Para aliviarle, lo mejor es dejarlo durante un rato con la zona al aire, antes de ponerle el nuevo pañal. En cada cambio hay que lavarle con agua tibia (nunca caliente) o con toallitas específicas para la zona. Aunque se trata de una dolencia que no reviste gravedad, hay que vigilarla de cerca para evitar que vaya a más y llamar al pediatra en caso de que en la zona aparezcan granos o pequeñas ulceraciones; también si el niño presenta fiebre y cambia sus patrones de sueño o alimentación, o si la dermatitis se extiende a otras zonas su cuerpo, como brazos, cara o cuero cabelludo.

24
Cólico del lactante:
el enemigo n°1 del sueño infantil

Todos los días, al caer la tarde y de forma más o menos repentina, el bebé, hasta ese momento tranquilo, comienza a llorar con un llanto intenso, encoge sus piernas, se congestiona y se muestra, literalmente, inconsolable. Se trata del cólico del lactante, una dolencia cuyo origen aún no está conformado al 100 por cien y que dificulta que tanto el bebé como sus padres puedan conciliar el sueño.

Qué dice el experto

"La causa exacta de los cólicos, que afectan a aproximadamente el 28 por ciento de los bebés menores de tres meses, es desconocida. Todo apunta a que su causa sería multifactorial e incluiría factores sociales y psicológicos, además de alergias a ciertos alimentos, como la leche de vaca."
Dr. Francisco Savino, pediatra del Hospital de Niños Regina Margherita de Turín (Italia).

✔ El cólico del lactante es una molestia que afecta en mayor o menor medida a un buen número de bebés a partir aproximadamente de las tres semanas de vida y que suele remitir por sí solo en torno a los 3-4 meses.

✔ La mayoría de los expertos relacionan el cólico del lactante con la inmadurez del aparato digestivo de los bebés de pocos meses. Los gases también son señalados por muchos expertos como los principales causantes de este trastorno.

✔ A diferencia de otro tipo de llanto que el niño puede presentar durante la noche, el que está producido por el cólico tarda más de 15 minutos en remitir y no cesa aunque se coja al niño en brazos y se le acune.

✔ No hay un remedio 100 por cien efectivo para aliviar el cólico del lactante. Acostar al bebe boca abajo, sobre las rodillas de la madre, y en esta posición darle un suave masaje parece ser que le alivia. También se recomienda colocarlo boca abajo con su cabeza apoyada en la parte interna del brazo materno después de comer, para favorecer su digestión.

✔ Acunar al niño suavemente estimula el delicado mecanismo del oído interno, ayudándole a recuperar el equilibrio y produciéndole una agradable sensación de bienestar que hace que se reduzca su inquietud.

✔ Una solución que ha funcionado a bastantes padres desesperados: dar al niño un breve paseo en el coche, a velocidad suave (no más de 55 km/h). Tanto el movimiento como el ruido del motor a esta velocidad parece tener un efecto calmante sobre el bebé.

✔ Una infusión de manzanilla con media cucharadita de hinojo o de anís estrellado también puede aligerar la molestia causada por este cólico.

Una nueva teoría sobre su origen

Según una nueva investigación llevada a cabo por científicos italianos, cuyos resultados se han publicado en la revista *Pediatrics*, los bebés que padecen cólico del lactante podrían tener un desequilibrio en las bacterias del intestino. En el estudio, llevado a cabo por expertos del Hospital Regina Margherita de Turín, Italia, se administró a un grupo de bebés alimentados con lactancia materna unas gotas con "bacterias buenas" (un probiótico) y a otro se les dio placebo. Los científicos comprobaron que aquellos a los que se les había administrado esta bacteria lloraban un 50 por ciento menos que los bebés que no la habían tomado. Asímismo, los investigadores italianos atribuyeron la reducción del llanto al hecho de que las madres no habían incluido la leche de vaca en su alimentación.

25
Chupete: ¿sí o no?

Los anglosajones emplean una palabra para denominar al chupete que se traduce como "pacificador". Y es que aunque tiene tanto defensores como detractores, de lo que no hay duda es que este "artilugio" ejerce un efecto calmante en los bebés y que para muchos de ellos resulta imprescindible para conciliar el sueño.

Qué dice el experto

"Muchos bebés se duermen después de tomar el biberón o la leche materna, y muchos padres les ponen el chupete. Estos son inofensivos, a condición de que no contengan una sustancia dulce que podría estropearles los dientes. A muchos padres les preocupa que el niño se acostumbre y no quiera desprenderse de él pero, ¿a cuántos adultos han visto ustedes con un chupete?"

Segunda parte

Dr. David Haslam, profesor asociado de Pediatría y Microbiología Molecular en la Universidad de Washington y autor del libro *Trastornos del sueño infantil.*

✔ Ya desde el útero materno, el feto tiene desarrollado el reflejo de succión (tal y como reflejan muchas ecografías en las que se puede ver cómo se chupan el pulgar). Y es que, además de ser para ellos una condición indispensable para recibir el alimento del pecho o biberón, chupar representa para los bebés la búsqueda del placer táctil y les permite probar sensaciones tranquilizadoras.

✔ Muchos de los detractores del uso del chupete se basan en la posibilidad de que este interfiera en la lactancia materna, produciendo lo que se conoce como la "confusión tetina-pezón", esto es, que, acostumbrado a la facilidad de succionar la tetina de goma, el niño se muestre reticente a coger el pecho. Por eso, muchos especialistas recomiendan no introducir el chupete hasta que el niño tenga aproximadamente un mes, que es aproximadamente cuando la lactancia está bien establecida.

✔ Lo que está claro es que los bebés tienen una necesidad innata de buscar refugio y consuelo en la succión la cual, cuando está cubierta, les tranquiliza y les ayuda a conciliar el sueño.

✔ Los "riesgos" del chupete son dos: la excesiva dependencia del mismo y la posibilidad de que llegue a deformar la futura dentadura infantil. Para minimizarlos, lo mejor es limitar su uso a las noches y a las siestas diurnas.

✔ El chupete ideal debe ser lo más blando posible, fino y

89

pequeño, ocupando un espacio mínimo cuando está siendo usado. Con respecto a los arcos dentales, los modelos de chupete en forma de gota han demostrado ser los menos dañinos.

✔ Una recomendación a tener en cuenta: una vez que el niño se ha acostumbrado a un determinado modelo de chupete, es muy importante tener al menos un par de repuesto. Los chupetes se pierden con facilidad y son muchos los niños que no pueden conciliar el sueño cuando se les da uno distinto al que usan habitualmente.

✔ No es recomendable que los niños usen chupete durante mucho tiempo. Muchos expertos aconsejan retirarlo en el momento en que aparecen los primeros dientes, tanto para evitar la dependencia excesiva como para prevenir el riesgo de que el niño muerda la tetina hasta el punto de romperla e ingerir algún trozo.

Manual de uso

✔ Hay que esterilizar siempre el chupete antes de su utilización.

✔ Una costumbre a erradicar: la de sumergir el chupete en sustancias dulces o directamente en azúcar para que así el niño concilie mejor el sueño. Esto incrementa el riesgo de caries.

✔ Es muy importante controlar el estado de desgaste del chupete: si este presenta cortes, roturas u otras alteraciones, hay que sustituirlo inmediatamente.

✔ Cuando el niño no lo esté utilizando, hay que guardarlo en un contenedor cerrado, limpio y seco para que así dure más tiempo.

26

¿Llora porque tiene sueño... o porque le ocurre otra cosa?

La mayoría de los bebés, cuando tienen sueño, lloran de una forma bastante característica: se trata de un llanto monocorde, de tono bajo y mantenido en el tiempo, y suele ir acompañado de gestos como frotarse los ojos o la oreja. Pero no siempre el llanto pre-sueño es tan fácil de detectar y a menudo se puede confundir con el que el niño emite cuando tiene otro tipo de malestar o, simplemente, se aburre.

Qué dice el experto

"El llanto de un bebé es su lenguaje, diseñado para que él sobreviva y los padres aprendan. Los bebés no lloran para molestar ni para manipular; lloran para avisar que necesitan algo."

Dr. William Sears, pediatra norteamericano autor de más de 40 libros sobre educación infantil.

✔ Llorar es algo normal y natural, y no significa necesariamente que al niño le ocurra nada grave. Así como los adultos tenemos muchas formas de expresarnos (cantando, hablando, bailando...), los bebés solo poseen una única forma de manifestarse: el llanto.

✔ Un llanto potente, a pleno pulmón, puede ser el mejor indicador de que el bebé se encuentra en perfecta forma. De hecho, son los niños que están enfermos o aquellos que presentan problemas de desarrollo los que no lloran de forma natural, permaneciendo en silencio o simplemente gimoteando.

✔ Además del sueño, hay otras razones por las que el niño se echa a llorar: tener el pañal sucio o mojado (es un llanto intenso y de duración limitada, a modo de protesta); estar hambriento (suele ser un llanto gradual, que va de menos a más); si tiene frío o excesivo calor (habitualmente se manifiesta con un llanto cansino, de baja intensidad pero constante).

✔ Durante los primeros meses, y si el niño llora durante el día, los padres deben acudir inmediatamente para comprobar que todo está bien y determinar la causa del llanto. Pero cuando se trata de llantos nocturnos, la cosa cambia, sobre todo cuando el niño es más mayor.

✔ Son muchos los expertos que recomiendan a los padres dejar de atender de forma solícita los llantos nocturnos del bebé a partir de los seis meses. Los distintos métodos y teorías al respecto se basan en el argumento de que si los padres acuden a la cuna del niño cada vez que este llora por la noche, enseguida aprenderá que cada vez que desee llamar la atención paterna (o, más concretamente, dormir en compañía de sus progenitores) puede conseguirlo a través del llanto.

✔ En la práctica, y en cuanto el niño tiene ya algunas semanas de vida, resulta bastante sencillo distinguir los otros llantos del peculiar llanto-queja del bebé que se despierta a media noche. Es cuestión de tiempo… y de práctica.

Cómo saber si le pasa algo

Por lo general, la manera en la que los bebés manifiesta que se encuentran mal o sienten dolor no es a través del llanto sino mediante su comportamiento. Cada niño tiene sus peculiaridades, pero los síntomas que pueden indicar que está enfermo o tiene algún tipo de malestar son:

• Palidez

• Debilidad

• Está menos activo de lo habitual

• Hace movimientos extraños, como por ejemplo, cogerse o rascarse una zona dolorida, como la tripa o el oído.

• Cambios en su respiración: esta es más rápida o se vuelve irregular.

• Está caliente y congestionado, y presenta un aumento de temperatura.

• Está frío y sudoroso

• Su llanto es muy distinto al habitual: su intensidad es mucho más elevada, gimotea o emite sonidos lastimeros.

27
¿Pecho o biberón? Así influye la alimentación en el sueño infantil

Lactancia materna o leche de fórmula: es una importante disyuntiva a la que se enfrentan muchas madres a la hora de alimentar a su bebé. Los beneficios de la leche materna son incontables y las máximas autoridades en materia de salud reiteran una y otra vez las ventajas que tiene tan-

to para la madre como para el niño. En cuanto a las leches de sustitución, las formulaciones actuales las convierten en una alternativa segura y muy válida para el correcto desarrollo del bebé.

Qué dice el experto

"Los bebés amamantados se despiertan un poco antes que los que toman biberón porque metabolizan la leche más rápido. Pero no hay que olvidar que la lactancia materna es buena para la madre y para el bebé, y el hecho de dormir mejor no se puede usar como excusa para destetar al bebé, porque su sueño no saldrá beneficiado si deja de dar el pecho."

Hawley Montgomery-Downs, coordinadora del programa de neurociencia del comportamiento en la Universidad de Virginia Occidental (EE.UU.).

✔ Las investigaciones realizadas al respecto han demostrado que los niños que toman leche materna se despiertan por la noche con más frecuencia que los que toman biberón. La edad de media a la que un bebé alimentado al pecho consigue dormir toda la noche entera es de 13 semanas (tres meses y una semana), mientras que los bebés que toman biberón pueden dormir de un tirón antes de los tres meses (aproximadamente a las 11 semanas).

✔ Al margen de esto, los beneficios de la leche materna son incuestionables. La OMS la recomienda como la mejor opción para alimentar a los niños al menos durante los seis primeros meses y aconseja prolongar la lactancia durante todo el tiempo que sea posible. Por su parte, las leches de

sustitución que se comercializan en la actualidad contienen todos los nutrientes esenciales para el correcto desarrollo y crecimiento del bebé, con lo cual suponen una alternativa con todas las garantías para aquellas madres que no pueden o no quieren dar el pecho a sus hijos.

✔ Desde el punto de vista práctico (y de cara al momento de dormir y a la toma nocturna), los niños alimentados al pecho pasan más tiempo mamando porque la leche les llena menos, de ahí la mayor frecuencia de despertares nocturnos. Los bebés que toman biberón pasan menos tiempo comiendo, se sacian antes y, en consecuencia, duermen más tiempo.

Elizabeth Doodson

✔ No es recomendable sin embargo "cargar" el biberón (con una dosis mayor de leche o cereal de la indicada) con la intención de que el niño quede más lleno y saciado y, de esta forma, no se despierte a mitad de la noche. El biberón siempre debe respetar las dosis y proporciones de agua y de leche recomendadas por el fabricante o, en caso de que tengan que modificarse, solo por recomendación del pediatra.

Lactancia y horas de sueño materno

Teniendo en cuenta que como media el tiempo que se tarda en dar el pecho al bebé es de 20 minutos, hasta ahora se pensaba que las madres que optaban por la lactancia dormían bastante menos que aquellas cuyos hijos se alimentaban con biberón. Sin embargo, y según las conclusiones de un estudio reciente publicado en la revista *Pediatrics*, todas las mamás de niños pequeños duermen aproximadamente la misma cantidad de tiempo, independientemente de si dan el pecho o si recurren a la lactancia artificial. "No encontramos ninguna diferencia en el sueño materno en cuanto al método de alimentación del bebé. Esto puede explicarse por el hecho de que tal vez las mujeres que dan el pecho no tienen el mismo nivel de alerta que las que tienen que levantarse y preparar la leche de fórmula. Además, es posible que las madres que dan el pecho permanezcan a oscuras y sean capaces de volver a dormirse más rápido", explicó la autora principal del estudio, la psicóloga Hawley Montgomery-Downs, coordinadora del programa de neurociencia del comportamiento en la Universidad de Virginia Occidental (EE.UU.).

28
Leches "especiales" para bebés poco dormilones

Que la lactancia materna es la mejor opción para alimentar a un bebé nadie lo duda. Le aporta todos los nutrientes esenciales para que crezca y se desarrolle en perfectas condiciones. Pero cuando no es posible dar el pecho al bebé, hay una estupenda alternativa, las leches de fórmula o de sustitución, que tienen además el plus de que incorporan formulaciones adaptadas a algunos de los problemas que pueden alterar el sueño del bebé.

Qué dice el experto

"Actualmente hay en el mercado formulaciones adaptadas a algunos problemas del niño que mejoran su bienestar y evitan que se alteren sus patrones de sueño. Es el caso, por ejemplo, de las leches especialmente reforzadas con proteínas, calcio, hierro y vitaminas, para niños prematuros o de bajo peso, o las leches con modificación de proteínas o ácidos grasos para ciertos problemas del metabolismo o las intolerancias. También tienen una importancia creciente los alimentos lácteos enriquecidos con ácidos grasos poliinsaturados (omega 3), ya que parecen ayudar a conservar el colesterol 'bueno' y así prevenir futuras enfermedades. Lo mismo puede decirse de algunos ácidos grasos especiales, que parecen ayudar a un mejor desarrollo neurológico."

Dr José Antonio Martínez Orgado. Servicio de Neonatología del Hospital Universitario Puerta de Hierro, de Madrid.

✔ El cólico del lactante, la intolerancia a la proteína de la leche de vaca, problemas digestivos como la regurgitación... todos estos problemas que muchos niños padecen en sus primeros meses de vida afectan directamente a sus patrones de sueño y son los responsables de muchas de las noches que ellos –y sus padres– pasan en blanco.

✔ La primera medida es acudir al pediatra para que sea él quien diagnostique el problema y establezca el tratamiento a seguir.

✔ La utilización de leches de sustitución adaptadas a estos problemas suele resultar muy efectiva, aliviando al niño y ayudándole a dormir mucho mejor.

✔ Algunos ejemplos son las leches que incluyen formulas anti-regurgitación, las que ofrecen un bajo contenido en lactosa; las que incorporan sustancias adaptadas a los casos de alergia a la proteína de la leche de vaca y mala absorción; las leches con bajo contenido en lactosa, para el tratamiento y la recuperación de los bebés que presentan trastornos diarreicos agudos; las leches especialmente adaptadas a las necesidades de los bebés prematuros o las formulaciones específicas para aquellos niños que deben seguir una dieta exenta de leche de vaca.

✔ Por otro lado, la forma de dar el biberón también puede influir de forma indirecta en que el niño tenga un sueño apacible: hay que evitar sujetarlo de forma demasiado horizontal, para evitar así que el niño trague aire que se puede transformar a su vez en gases y agudizar los síntomas del cólico del lactante.

✔ También hay que comprobar que a la tetina fluye leche en

todo momento y realizar alguna pausa durante la toma para poner al niño en vertical y facilitarle la expulsión de gases.

Gripes, infecciones y demás "ladrones del sueño"

Algunos de los nutrientes con los que están enriquecidas las fórmulas de sustitución y otros alimentos infantiles podrían ser muy efectivas en la prevención de enfermedades tan comunes entre los más pequeños –y que a menudo son respon-

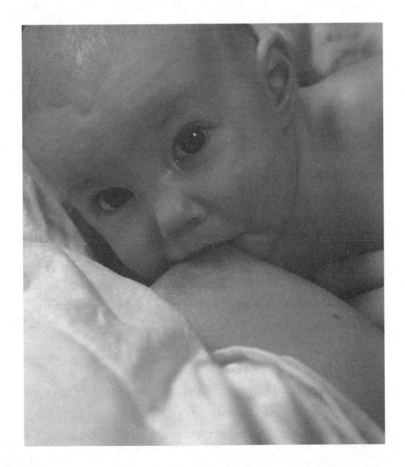

sables de muchas noches en blanco– como el resfriado. Es el caso de los prebióticos. Tal y como ha demostrado una reciente investigación llevada a cabo por expertos chinos y cuyos resultados fueron publicados en la revista *Pediatrics*, los niños sometidos a estudio que consumían dos veces al día alimentos con prebióticos durante el invierno y la primavera sufrieron menos resfriados y necesitaron menos antibióticos. También se demostró que cuando los niños tratados con prebióticos tuvieron fiebre, tos o mocos, su recuperación fue notablemente más rápida que en aquellos a los que no se les había administrado este nutriente.

29
El destete y los patrones de sueño

Se entiende por destete el paso progresivo y gradual de la alimentación basada en la leche materna (o de sustitución) a la que incluye otros alimentos. La clave para que esta transición se realice de la forma más tranquila y exitosa posible y no tenga repercusión sobre otros aspectos de la vida del bebé, como el sueño, es seguir los consejos del pediatra y estar muy atentos a las "señales de hambre" que emite el bebé.

Qué dice el experto
"En general, la leche es un alimento suficiente durante los primeros seis meses de vida. Se considera que se debe iniciar la alimentación complementaria a partir de esa edad

por dos razones: primero, porque las necesidades nutricionales ya son más complejas; y, segundo, porque el niño ya
empieza a tener capacidad de interacción, es decir, de
mostrar cuándo quiere más o no".
Dr. José Antonio Martínez Orgado. Servicio de Neonatología
del Hospital Universitario Puerta de Hierro, de Madrid

✔ Por regla general, el destete no suele repercutir especialmente en los patrones de sueño del niño, siempre y cuando el paso de una alimentación a otra se realice de una
forma gradual y progresiva.

✔ Sí ocurre en cambio que muchos niños comienzan a despertarse con más frecuencia, y esto no está producido por
el cambio de alimentación en sí sino que se debe, simple y
llanamente, a que tiene hambre. Por eso muchos expertos
recomiendan en estos casos introducir los alimentos sólidos por la noche, ya que, al llenarle más, le ayudan a conciliar el sueño. Por el contrario, si el niño ya tiene bien cogi-
dos los patrones de sueño y no se suele despertar por la
noche, lo mejor es introducir estos alimentos al mediodía.

✔ Por otro lado, el destete presenta la ventaja de que el niño
empieza a "socializarse" dentro de la familia; comparte
con sus padres y hermanos el momento de la comida, y
eso conlleva una serie de estímulos y un gasto de energía
que se suele traducir en un sueño más profundo.

✔ Si a raíz del cambio de alimentación el niño comienza a
dormir mal, la razón puede estar en una alergia o intolerancia a algún alimento, por lo que es importante consultar este aspecto con el pediatra.

Elizabeth Doodson

Del líquido al sólido sin problemas

✔ Aunque cada pediatra tiene su "manual", por lo general la introducción de nuevos alimentos se suele realizar en el siguiente orden: cereales sin gluten, verduras, proteínas, fruta y, después, el resto de los alimentos.

✔ Para iniciar el destete, si el bebé se alimenta con lactancia materna, se puede preparar la papilla con leche materna extraída o con otra leche de iniciación que indique el pediatra. Si se ha optado por la lactancia artificial, basta con añadir el cereal a la leche habitual.

✔ Para obtener la mezcla adecuada hay que seguir las recomendaciones del fabricante en cuanto a las dosis, esto es, añadir la cantidad de leche y de cereales que se indica en la caja (o la que paute el pediatra). No hay que aumentar las cantidades ni mezclar distintos cereales (si se modifican estas indicaciones se pueden provocar trastornos digestivos).

✔ El tránsito de la leche con cereal a la papilla debe hacerse siempre de forma progresiva, complementando con el pecho o biberón hasta que el niño tome la ración completa de papillas.

✔ La diferencia entre la papilla "de biberón" y la de "cuchara" es su espesor. Para que este sea mayor hay que añadir las dosis de cereales poco a poco a la leche, mientras se bate la mezcla con un tenedor, hasta obtener una crema uniforme y sin grumos. También se puede pasar la papilla por la batidora.

✔ No se debe añadir azúcar, miel o sacarina a la papilla.

✔ Cuando se incorpora la papilla al menú habitual es impor-

102

tante ofrecer al niño el biberón de agua con frecuencia, ya que puede aumentar su sed.

30
Por qué la alimentación le ayuda a dormir

Por regla general, un niño bien alimentado tiene muchas más probabilidades de adquirir pronto unos patrones de sueño definidos y padecer menos alteraciones de los mismos. La razón es que, además de aportarle los nutrientes esenciales, la alimentación (a pecho o biberón) de los primeros meses de vida activa las funciones cerebrales encargadas de regular su reloj interno en general y los patrones de sueño y vigilia en particular.

Qué dice el experto
"No hay que buscar en la alimentación una garantía para asegurarse de que el niño va a dormir de un tirón toda la noche. La clave para conseguir un sueño reparador es mantener unos buenos hábitos de alimentación y siesta durante el día, y también hay que tener en cuenta que el niño se puede despertar durante la noche por otras razones que nada tienen que ver con el hambre."
Dra. Polly Moore, directora del Centro para la Investigación del Sueño en California, Estados Unidos.

✔ Para que el ciclo del sueño de desarrolle de la forma adecuada, es fundamental que las necesidades básicas del niño estén cubiertas, esto es, no debe tener hambre. La interacción entre el biberón (o el pecho materno) y el sueño es más que evidente durante las primeras semanas de vida.

✔ Las señales a través de las cuales el niño manifiesta que tiene hambre son muy evidentes: se agita, abre los ojos, emite ligeros gemidos que pronto desembocan en un llanto intenso, agita las piernas...

✔ Pero tomar el pecho o el biberón supone para el niño mucho más que una fuente de alimento: él lo interpreta como una "re-fusión" con su madre, una vuelta a la seguridad del útero materno, que le proporciona una increíble sensación de seguridad que lo induce al sueño.

✔ De hecho, es muy fácil comprobar cuando al acabar de mamar o de succionar la tetina, la gran mayoría de los niños entran en un estado de somnolencia. Está demostrado que de forma progresiva, la alimentación va interviniendo en algunos aspectos de la maduración cerebral, concretamente regulando el reloj interno del bebé y todos sus ciclos vitales –variaciones de temperatura corporal, ritmo cardiaco, secreciones hormonales...–, facilitando todo ello la adopción del ritmo sueño-vigilia.

✔ Por otro lado, cuando la madre da el pecho, es muy importante que evite algunos alimentos y sustancias que pueden interferir con estos patrones del sueño infantil que se encuentran en plena formación. Es el caso de la cafeína, que pasa a través de la leche materna y puede alterar el sueño y el bienestar del bebé, ya que está demostrado que prolonga el periodo de vigilia y altera los ciclos normales del sueño.

✔ También es importante evitar la nicotina (ver capítulo correspondiente a la Muerte Súbita del Lactante), ya que está confirmado científicamente que el tabaco puede alterar los niveles de prolactina, que es la hormona que favorece la lactancia, haciendo que el niño no obtenga la cantidad de leche que necesita y, por tanto, duerma peor.

Falsos mitos a desterrar

✔ Cuando más saciado esté el niño, mejor dormirá. Según los expertos, pasarse con la cantidad de comida (leche, cereal o alimentación sólida) antes de acostarle con la esperanza de que la sensación de saciedad le impida despertarse puede producir justo el efecto contrario: muchos niños son incapaces de dormir bien con la tripa llena.

✔ Si toma el pecho se despertará más a menudo por la noche. Aunque hay alguna evidencia de que los niños alimentados con biberón presentan una ligera tendencia a tener menos despertares nocturnos, esta no es en absoluto una razón que justifique la decisión de dar el pecho al bebé. Los beneficios superan con creces esta ligera tendencia a despertarse.

✔ Los alimentos sólidos hacen que los niños duerman durante más tiempo. Existe la creencia de que introduciendo cereales de arroz en la toma nocturna se consigue que el niño duerma más horas. Aunque esta estrategia puede funcionar en algunos bebés, no se puede considerar una recomendación general. Los cereales de arroz (u otro tipo de alimentos sólidos), si no se dosifican de la forma adecuada, pueden llevar a un indeseable aumento de peso del bebé.

31
La última toma y la toma nocturna: así influyen en el sueño

Regular el horario de la última toma puede propiciar que el niño duerma más tiempo en el periodo nocturno. Sin embargo, no se trata de una solución mágica y tampoco es algo "matemático" que si el niño cena más tarde duerma más y mejor.

Qué dice el experto

"La falsa creencia de que el hecho de 'cargar' al máximo el biberón del bebé antes de que se vaya a la cama puede resultar contraproducente, ya que puede interferir con el control posterior del apetito. De hecho, los estudios realizados al respecto han demostrado que introducir los cereales (el alimento saciante por antonomasia para los bebés) no se traduce en absolutamente ninguna diferencia en la duración del sueño profundo, en la frecuencia de los despertares nocturnos ni en los ciclos de sueño-vigilia."

Dr. William Sears, pediatra norteamericano autor de más de 40 libros sobre educación infantil.

✔ Respecto a la alimentación nocturna del bebé y su relación con el sueño hay que tener dos cosas claras: por un lado, que la cena es una comida más y, como tal, se debe ajustar a los ingredientes y cantidades del resto de las tomas del día. Y por otro, que el hecho de que el niño deje de despertarse a media noche reclamando un biberón o el pecho es algo que tiene más que ver con sus ciclos de sueño y el ritmo al que se están ajustando sus patrones que con cualquier "truco" o artimaña que se ponga en marcha para "despistarle".

✔ En cuanto a la última toma del día, alrededor de los tres meses se puede empezar a dar más tarde (a una hora cercana a la que los padres vayan a la cama). No cambiar la composición de la misma sin antes haberlo consultado con el pediatra.

✔ Por regla general, el niño suprime por sí mismo la toma nocturna en torno al tercer mes de edad, y es habitual que sea entonces cuando tras la última toma (en torno a las 22.00 horas) duerma a pierna suelta hasta el amanecer. Si no lo consigue por sí solo, se le puede ir suprimiendo esta toma de forma paulatina, dándole un poco de agua y el

chupete si protesta a media noche y ofreciéndole la toma si rompe a llorar desconsoladamente, para volver a intentar la misma estrategia la noche siguiente.

✔ Una práctica absolutamente ineficaz es intentar despertar al bebé a media noche para así saciarle e intentar que duerma "de un tirón" hasta el amanecer. Lo habitual es que, como no tiene hambre y no es su hora, el niño apenas coma nada e, irremediablemente, se despierte por sí solo unas horas más tarde.

✔ Por tanto, lo más recomendable es que las rutinas de alimentación y sueño vayan de la mano cuando se trata de que el niño adquiera unos hábitos que le permitan regular de forma adecuada su reloj interno.

No solo "hambre de madrugada"

Tal y como explica el doctor Eduard Estivill en su libro *Duérmete, niño*, es muy frecuente que los bebés se tomen un biberón o beban agua durante la noche, pero esto no significa que realmente tengan sed o hambre. "La mayoría de las veces lo que realmente piden es la presencia de sus padres porque necesitan su calor, pero como no saben hablar para explicárselo, beben un poco –así los mantienen a su lado– y después, se duermen."

32

De la cuna a la cama: en qué momento hay que hacerlo

Supone la transición de una cama "de pequeños" a una "de mayores" y, como tal, se aconseja presentárselo a niño. Hay que estar preparado para cualquier reacción: desde los que se muestran encantados por abandonar la "jaula" que para ellos ya empezaba a suponer la cuna hasta los que, simplemente, no se encuentran a gusto durmiendo sobre un mueble de dimensiones tan grandes que le resulta tan poco acogedor.

Qué dice el experto

"El momento en que se debe de pasar al niño de la cuna a la cama suele indicarlo el propio tamaño del niño: apenas cabe, se da golpes, siente frustración por estar enrejado; trepa por encima de la barandilla con el consiguiente peligro…"

Dr. Eduard Estivill, director de la Clínica del Sueño Estivill, en Barcelona (España) y autor del método para dormir que lleva su nombre.

✔ ¿Cuándo es el mejor momento para que el niño comience a dormir en una cama convencional? Se trata de una decisión que depende de cada niño, valorando, entre otras cosas, sus niveles de tonicidad. Así como a los cuatro meses ya es capaz de darse la vuelta, por lo que el cuco puede empezar a resultar inestable, en torno a los dos

años, si los barrotes de la cuna no tienen la suficiente altura, el niño puede intentar escalarlos y, en consecuencia, caerse.

✔ El mayor o menor riesgo de que esto ocurra depende tanto de la fuerza del niño como de su altura y, también, de su temperamento. Hay que tener en cuenta que cuanto más tiempo el niño permanezca seguro dentro de los barrotes de la cuna, más fácil será para todos dormir en total tranquilidad.

✔ El cambio de la cuna a la cama no debe improvisarse. Los

expertos aconsejan que el traslado coincida con un momento en que el niño se sienta tranquilo. Por ejemplo, si se encuentra en plena dentición o acaba de empezar la guardería, tal vez sea más conveniente dejarlo unos días más en la cuna.

✔ También es importante que para el momento en el que el niño empieza a dormir en su cama ya tenga perfectamente adquiridos los hábitos nocturnos y, salvo alguna excepción, no se despierte por la noche.

✔ Suele tener efectos muy positivos el hecho de implicar al niño en el traslado: ir con él a elegir la cama, preguntarle de qué color o estampados le gustaría que fuera el cobertor...

El feng shui y el dormitorio del bebé

Si buscas decorar la habitación del bebé de una forma original puedes echar mano de la filosofía oriental del feng shui según la cual, en función de la época del año en la que se haya nacido, al niño le corresponderá un elemento natural distinto: agua (en invierno); fuego (en verano); madera (en primavera) o metal (en otoño).

Siguiendo las premisas del feng shui, es muy importante que el espacio debajo de la cama del niño esté siempre vacío, para evitar así los efectos negativos que pueden acumularse durante el sueño.

Respecto a la elección de la cama, la del niño metal debería ser de estructura metálica y la habitación decorada en tonalidades claras. En la habitación del niño agua debe predominar el color blanco, siendo la cuna o cama preferiblemente también de metal. A la hora de elegir la del niño madera, lo mejor es decantarse por este mismo material (cualquier tipo de madera), optando por las tonalidades verdes y azules para la decoración. Por último, para el niño fuego, además de una cama también de madera, hay que buscar siempre para la ropa y los elementos decorativos la mezcla de tonalidades rojizas y amarillas.

33
Siestas durante el día: cuántas y cómo

Tanto para los niños como los adultos, ese "reposo del guerrero" que supone la siesta aporta múltiples y saludables beneficios, tal y como han demostrado las investigaciones más recientes. Por suerte, y al contrario de lo que ocurre con el sueño nocturno, la mayoría de los niños no suelen poner impedimentos para dormir la siesta, pero no por ello hay que bajar la guardia.

Qué dice el experto
"Los resultados arrojados por una investigación que hemos llevado a cabo en Francia sobre la influencia que tiene la siesta de media tarde en el comportamiento de los niños han demostrado la necesidad de prolongar este hábito al máximo, incluso hasta la edad escolar."
Jeannette Bouton, neuropedagoga francesa especializada en el sueño infantil.

✔ Durante el primer año y medio de vida, el niño tiene necesidad de dormir una siesta a media mañana y otras después de la comida principal. Los bebés muy pequeños pueden, además, dormir una pequeña siesta justo después de la primera toma de la mañana.

✔ En torno a los 6 meses de edad, la duración total de la siesta es de aproximadamente 4 horas; pasada esta edad, poco a poco se van acortando.

✔ Entre los 12 y los 15 meses, muchos niños empiezan a prescindir de la siesta matinal, pero es importante que el descanso o reposo después de comer se mantenga hasta los tres años.

✔ Son muchos los pediatras que señalan la necesidad de mantener el hábito de una siesta de aproximadamente una hora de duración a media tarde hasta que el niño ya no sienta la necesidad de dormirla.

✔ Los niños que duermen habitualmente la siesta permanecen más tranquilos y centrados. Tal y como explica la pediatra norteamericana Susan E. Gottlieb, autora del libro *Cómo resolver los problemas de sueño en los niños,* "un bebé que se enfada con facilidad, que llora ante el contratiempo más nimio, que es incapaz de mantener la atención durante mucho tiempo o se cansa rápidamente cuando está jugando o realizando otra actividad, sobre todo a última hora de la tarde, puede estar, simplemente, cansado. De ahí la importancia de la siesta vespertina".

✔ La mayoría de los niños aceptan de buen grado echarse la siesta. La razón, según los expertos, radica en que, a diferencia de lo que ocurre con el sueño nocturno, que es el que suele dar problemas, la siesta no se suele realizar en total oscuridad, es más corta y, al producirse durante el

Elizabeth Doodson

día, el niño es consciente de que no está sólo, por lo que se siente más seguro y protegido.

✔ Las siestas no deben desarrollarse de forma anárquica sino que, al igual que ocurre con el sueño nocturno, tienen que encuadrarse dentro de una rutina.

✔ Para aquellos que son reticentes, los expertos aconsejan no "obligarles" a echar la siesta, sino convertir ese periodo en un momento de descanso y tranquilidad (ponerle música suave, dejar la habitación en penumbras), que irremediablemente lleva a buena parte de ellos a conciliar el sueño casi sin darse cuenta.

Todos los beneficios de las "cabezaditas diurnas"

✔ Son muchas las investigaciones que han puesto de manifiesto los beneficios de la siesta a nivel orgánico. El principal, tanto en niños como en adultos, es ajustar las horas de sueño que se deben dormir, compensando posibles déficits.

✔ Una de las más recientes ha sido llevada a cabo por especialistas de la Universidad de Harvard, los cuales han demostrado que dormir la siesta potencia las destrezas de memoria y aprendizaje.

✔ También se ha relacionado el hecho de dormir la siesta con la prevención de alteraciones del sueño infantil, como el bruxismo, los despertares nocturnos o la narcolepsia.

✔ Dormir la siesta aumenta considerablemente la capacidad de concentración en los periodos de vigilia.

✔ Otras investigaciones han constatado que la siesta favorece el rendimiento intelectual y la capacidad psicomotriz;

114

disminuye el cansancio y la sensación subjetiva de somnolencia; estimula la creatividad y, en los adultos, reduce el estrés y previene las enfermedades cardiovasculares.

34
¿Por qué, de repente, ha dejado de dormir bien?

Son muchas las situaciones y circunstancias que pueden alterar el sueño del bebé. No hay que olvidar que sus patrones a la hora de dormir son todavía frágiles y que cualquiera de las molestias típicas de estos primeros meses puede alterarlos.

Qué dice el experto

"Entre las molestias que pueden alterar el sueño infantil se encuentra la dermatitis atópica, una dolencia que afecta a aproximadamente al 20 por ciento de los niños y que es causa bastante frecuente del insomnio nocturno. Los niños que padecen una molestia de este tipo se muestran inquietos, ya que les produce malestar, de ahí que sea un factor frecuente de despertares nocturnos."

Dr. Luis Madero, presidente de la Fundación Española de Pediatría.

✔ Si un niño que hasta el momento había conseguido dormir un número aceptable de horas seguidas, que ya se acostaba sin oponer mayores resistencias y que rara vez se despertaba por la noche de repente vuelve a tener problemas para dormir, lo más habitual es que la causa se encuentre en alguna de las "pupas" o dolencias más frecuentes de los primeros meses de vida.

✔ La gran mayoría de ellas son pasajeras y no revisten gravedad, pero pueden resultar lo suficientemente molestas como para alterar el ritmo y los patrones de sueño del niño. Por suerte, una vez que el problema se soluciona, a la mayoría de los niños no les resulta difícil retomar los hábitos adquiridos.

✔ Una causa frecuente de los despertares nocturnos son las vacunas y, más concretamente, los efectos secundarios que algunas pueden producir: hinchazón local y excesivo calor en la zona de la inyección, fiebre, malestar general... Suelen producirse a las pocas horas de que el niño haya sido vacunado y el malestar no se suele extender más allá de un par de noches.

✔ Las irritaciones y otros problemas de la piel (como la dermatitis atópica, la dermatitis del pañal y, en general cualquier alteración en su delicada epidermis) también son las responsables de un buen número de noches en blanco. En estos casos es muy importante extremar las medidas de higiene y los cuidados pertinentes (pomadas y demás) antes de que el niño se vaya a dormir.

✔ En general, cualquier gripe, infección o molestia estomacal puede tener repercusión en el sueño del niño. En estos casos, paciencia: se trata de "causas mayores" que hay que tratar adecuadamente y que no suelen tener mayores consecuencias ni para su salud ni para su ritmo de sueño en el futuro.

Segunda parte

Dientes: enemigos número 1
de las noches plácidas

Aunque hay algunos afortunados a los que la aparición del primer diente no les produce molestia alguna, por regla general la dentición altera a la mayoría de los niños. Los principales

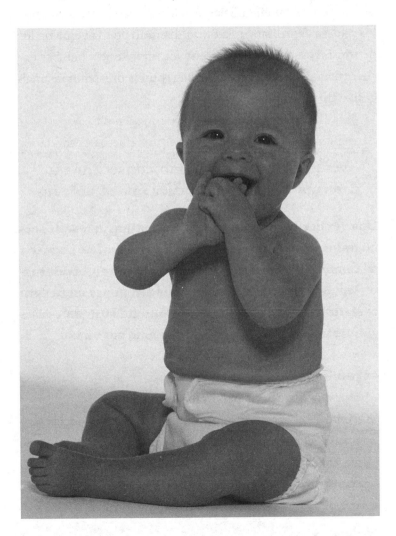

problemas derivados de sus primeros dientes aparecen generalmente entre los 12 meses y el año y medio de edad, coincidiendo con la aparición de los cuatro primeros molares, siendo durante esta etapa una de las causas más probables del despertar del niño. Para calmar esta molestia, los pediatras suelen recomendar la aplicación de geles calmantes que los padres depositan en la encía del niño con la yema de los dedos. En casos de que el dolor sea intenso y el bebé se encuentre mal, el especialista también puede prescribir un analgésico tipo paracetamol.

35
Verano, invierno... Cómo conseguir que duerma bien en cualquier época del año

Una vez que los niños adoptan una rutina regular de sueño todos los padres respiran aliviados. Pero hay una serie de cambios (los horarios de verano e invierno, el calor excesivo, el frío invernal...) que pueden poner en peligro el status quo que en ocasiones tanto ha costado conseguir. ¿Moraleja? Nunca hay que bajar la guardia.

Qué dice el experto
"Para disgusto de los padres, una vez que el niño ha conseguido adaptarse a la rutina del sueño, hay que adelantar o atrasar el reloj. De repente, se tiene que ir a la cama una hora antes o una hora después que el día anterior. Si esta circunstancia resulta dura para muchos adultos, qué decir tiene de lo que puede suponer para un niño..."

Segunda parte

Dr. John Pearce, profesor emérito de Psiquiatría Infantil en la Universidad de Nottingham (Gran Bretaña).

✔ El cambio de hora que supone la entrada en vigor del horario de verano e invierno puede dar al traste con semanas de intentos más o menos exitosos de conseguir que el niño adopte unos patrones de sueño.

✔ En el caso de los niños más mayores, lo mejor es hacer "como si nada", esto es, seguir con la rutina habitual adaptada a la nueva hora que marca el reloj. No hay necesidad de hacerles notar que el horario ha cambiado ni de introducir ninguna modificación significativa en su rutina. La mayoría de los niños, al igual que ocurre con los adultos, se adaptan rápidamente al cambio que supone irse una hora antes o después a la cama.

✔ En el caso de los recién nacidos y los bebés lactantes, los expertos recomiendan adelantar la toma unos diez minutos cada dos o tres días durante la semana anterior y la posterior al cambio horario.

✔ También es importante, durante las jornadas previas al cambio de hora, reducir el nivel de actividad del niño en los minutos anteriores a acostarse, procurándole un ambiente lo más silencioso posible.

✔ Si el niño es lo suficientemente mayor para entenderlo, se le puede explicar el funcionamiento del reloj, señalándole la hora y diciéndole: "Mira, aunque ahora es de día porque ya pronto será verano y empezará a hacer calor, el reloj está marcando la hora en la que te tienes que ir a la cama, ¿lo ves?"

119

✔ En caso de que al niño le resulte imposible dormir con la nueva luminosidad, se puede recurrir a un truco de lo más práctico: comprarle unas cortinas más tupidas, que oscurezcan significativamente el ambiente de la habitación.

✔ De todas formas, y según las investigaciones realizadas al respecto, el cambio horario no afecta significativamente a los más pequeños de la casa y la mayoría tardan tan solo 2 o 3 días en adaptarse.

¿Calor y sueño, incompatibles?

Con la llegada del verano, muchos niños empiezan a despertarse a media noche llorando o tienen problemas para conciliar el sueño. En la mayoría de los casos estos despertares nocturnos estivales están directamente relacionados con la sed. Es muy importante que el niño beba la cantidad suficiente de agua ya que, sobre todo los recién nacidos, se deshidratan con mucha facilidad. Tener un biberón de agua al lado de la cuna para que el bebé calme su sed suele ser suficiente para que vuelva dormirse rápidamente. También es importante ponerle la ropa justa: un body de tirantes suele bastar.

Otros enemigos del sueño infantil en verano son los mosquitos. Cuando el niño duerma en una zona exterior, y también dentro de casa, lo mejor es instalar una mosquitera (en las tiendas de puericultura las hay de distintos tamaños y modelos). Además, si la presencia de estos insectos es muy frecuente, se puede conectar en el enchufe más cercano a su cama un difusor anti-mosquitos. Los hay especialmente formulados para habitaciones infantiles.

Segunda parte

36

Viajes y vacaciones: trucos para no alterar su ritmo de sueño

¿Cómo le afectará el cambio de ambiente?; ¿será capaz de dormir en una cuna distinta a la suya?; ¿le afectará también a él el *jet lag*?... Estas son algunas de las preguntas que se plantean los padres cuando están preparando sus vacaciones familiares.

¿El gran temor? Que el viaje altere unos patrones de sueño del niño que, tal vez, les ha costado meses establecer.

Qué dice el experto

"Las vacaciones son para divertirse, así que aproveche este descanso. Al mismo tiempo, trate de atenerse a las rutinas de sueño de su hijo, pero sin que ello se convierta en una tortura para él ni para usted. Si, por ejemplo, ustedes quieren salir a cenar pero el niño se acuesta a las 20.00 horas, intente cenar antes. Otra opción es si, por ejemplo, se echa la siesta a media tarde, organizar los planes de forma que pueda acompañar al resto de la familia durmiendo en su silla o coche."

Dr. John Pearce, profesor emérito de Psiquiatría Infantil en la Universidad de Nottingham (Gran Bretaña).

✔ Si el niño aún no tiene afianzado un ritmo de sueño regular o todavía le cuesta adoptar algunos aspectos de la rutina para irse a dormir, es recomendable empezar con los preparativos algunos días antes del viaje: si, por ejemplo,

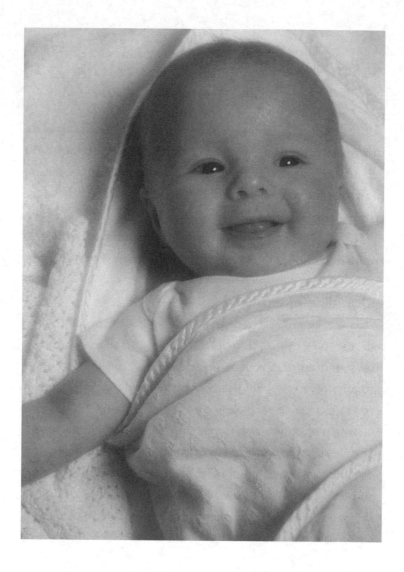

tenéis previsto que duerma en una cuna portátil, es bueno que duerma alguna siesta en ella antes de iniciar el viaje.

✔ Cada vez que el niño vaya a dormir fuera del lugar habitual hay que llevar con él todo lo que configura su entorno de sueño: su mantita, su juguete musical, su chupete y, sobre todo, su osito u otro objeto sustituto.

✔ Es importante explicarle al niño todo lo relativo al cambio de escenario; contarle que durante unos días esa va a ser su nueva cama, enseñarle dónde van a dormir mamá y papá, mostrarle los cuadros, las lámparas y demás elementos decorativos del recinto...

✔ En el coche, los niños tienden a adormecerse. Para que no duerma más de la cuenta (de forma que por la noche no tenga sueño) es importante distraerle y estimularle con cuentos, juguetes, una bolsita de la que vayan saliendo, a modo de "caja de los tesoros", algunos de sus objetos preferidos...

✔ A ser posible, hay que procurar llegar al lugar de destino con al menos una hora de antelación respecto a aquella a la que el niño suele irse a la cama, para que así dé tiempo a poner en marcha todos los "rituales de buenas noches". Cuantos menos se alteren estos "preliminares", más posibilidades hay de que el niño duerma sin acusar el cambio.

Habitación segura también fuera de casa

Con un bebé en casa, una de las primeras cosas que hay que confirmar al hacer una reserva de hotel es si disponen de una cuna adaptada a su edad. Una vez en el lugar de destino, hay una serie de aspectos que se deben tener en cuenta para asegurar al niño un sueño sano y seguro:

✔ Si la cuna está debidamente homologada, en buen estado de uso y, sobre todo, si reúne las condiciones de seguridad

Elizabeth Doodson

en cuanto a altitud de los barrotes y separación entre los mismos.

✔ Si, en caso de que el niño pudiera salirse de la cuna, tiene fácil acceso a las ventanas o a la terraza.

✔ Asegurarse de que persianas y cortinas cierren correctamente, para evitar así filtraciones de luz que puedan desvelarlo.

✔ Para estar más seguros y mantener al niño vigilado en todo momentos, se puede mover la cuna y colocarla en medio de dos camas individuales.

PARTE III:
BUENOS ALIADOS
DEL SUEÑO INFANTIL

37
Su habitación: la importancia
de un entorno "pro sueño"

La poética definición del dormitorio como "templo de los sueños" va como anillo al dedo cuando se trata de la habitación del bebé. Los colores, el mobiliario, la decoración e incluso los olores pueden favorecer que se sienta a gusto…. o, por el contrario, incitarle al desvelo.

Qué dice el experto

"Quizás las causa más simple entre las causas simples de los trastornos del sueño se relacione con el ambiente que rodea al niño mientras duerme. Al fin y al cabo, si se espera que los niños estén felices y contentos pasando una parte considerable de su vida en el dormitorio, este debe ser un lugar agradable y alegre."

Dr. David Haslam, profesor asociado de Pediatría y Microbiología Molecular en la Universidad de Washington y autor del libro *Trastornos del sueño infantil*.

✔ Independientemente de los gustos personales o del estilo que tenga el resto de la casa, la decoración de la habitación del bebé debe asentarse en tres premisas fundamentales: seguridad, confort e higiene.

✔ Se trata de un espacio "multiusos"; en su habitación el niño no solo duerme sino que pasa mucho tiempo despierto y también en ella se desarrollan muchos de sus juegos. A través de estas cuatro paredes (sus colores, su decoración) recibe un buen número de estímulos que van a influir en su desarrollo y, también, en sus patrones de sueño.

✔ Lo tonos son un factor importante a tener en cuenta. Lo mejor es decantarse por coloraciones claras y dulces (ideales los tonos pastel). Hay que vitar los colores primarios y los contrastes muy chillones: el rojo intenso, el amarillo brillante, el azul eléctrico…

✔ Una buena opción es reproducir en la medida de lo posible los espacios naturales: un bebé siempre se siente feliz y protegido en un ambiente similar al que le brinda la naturaleza: rodeado de flores, árboles, con el sonido de los pájaros…En definitiva, cuanto más armónico sea el ambiente de su habitación, más a gusto se encontrará en ella.

✔ A la hora de distribuir muebles, juguetes y demás enseres, es importante no saturar el espacio: menos es más y, además, es bueno dejarle "campo libre" para que desarrolle su imaginación.

✔ En cuanto a la temperatura, la habitación debe estar agradablemente caldeada, ya que hay niños que se mueven mucho en sueños, de tal forma que pueden destaparse y enfriarse. Pero también hay que evitar que el ambiente se

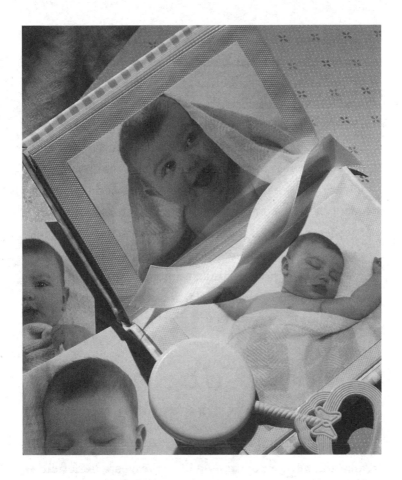

caliente en exceso (un factor relacionado con el SMSL). Para ello, nada mejor que instalar un termostato que permita tener la temperatura controlada en todo momento.

✔ También es importante cuidar el entorno que rodea a la habitación del bebé así como el del resto de la casa. Por ejemplo, hay que evitar cocinar sin utilizar la campana o ventilador, limpiar el hogar con productos demasiado fuertes o utilizar insecticidas sin tomar las medidas necesarias.

Testimonio

"Cuando decoré la habitación de mi hijo, antes de que él naciera, elegí para las ventanas unas preciosas cortinas infantiles que reproducían las siluetas de unos animalitos. A medida que el niño fue creciendo pudimos comprobar que si bien de día este estampado no producía en él ningún efecto, por la noche se ponía a llorar señalando directamente a la ventana. Tardamos mucho tiempo en darnos cuenta de que, como consecuencia de un efecto óptico procedente de la luz exterior que se colaba por una rendija, por la noche los animalitos se transformaban en figuras que para él podían resultar amenazantes. La solución vino de la mano de unas cortinas lisas, con lo que los llantos nocturnos han cesado por completo."

38
Masajes que relajan y ayudan a dormir

El poder relajante de los masajes está demostrado científicamente, pero en el caso de los bebés, este beneficio se multiplica. Eso sí: para el masaje produzca todo su potencial de efectos e induzca al niño al sueño deben darse cierta pericia, mucho mimo, constancia y, sobre todo, un entorno lo más tranquilo y relajante posible.

Qué dice el experto

"Algunos bebés tienen una mayor predisposición natural al masaje que otros. Los más tranquilos suelen adaptarse relativamente rápido. En cambio, con los susceptibles y los gruñones habrá que ir más despacio, ya que a este tipo de niños les cuesta más acostumbrarse a la estimulación. Con el tiempo, el masaje ayudará a los bebés susceptibles a mitigar su naturaleza sensible y a los gruñones a aprender a relajarse. El masaje puede incluso reducir la tensión de un bebé que sufra cólicos."

Tracy Hogg, enfermera especializada en el cuidado de madres y neonatos, directora del centro de consulta Baby Technique y autora del libro *El secreto de tener bebés tranquilos y felices.*

✔ Antes de empezar a darle un masaje al bebé es importante tener todo a mano y, sobre todo, asegurarse de que la habitación reúne las condiciones de confort y temperatura adecuadas. También es recomendable, aunque el niño sea muy pequeño, hablarle mientras se le aplica el masaje e ir contándole, paso a paso, lo que se le va a hacer.

✔ Hay que asegurarse que las manos de la persona que le da el masaje estén calientes (basta con frotarlas previamente) para evitar transmitirle una desagradable sensación de frío. Cuando se trata del masaje infantil, calor, confort y relax van unidos. También es importante tener las uñas cortas y limadas y quitarse cualquier objeto que pueda molestar al bebé (pulseras, relojes, anillos).

✔ El momento más propicio es después del baño, ya que entonces el bebé está más relajado. No es recomendable darle el masaje después de comer (puede regurgitar) ni tampoco si tiene hambre (estará agitado y lo tendrá más difícil para relajarse).

✔ Se debe empezar de abajo a arriba, por las piernas y los pies. Con el dedo pulgar, recorrer la planta del pie de forma ascendente y, al terminar, pasar al otro pie. Después, masajear suavemente desde el talón hasta los otros dedos, para pasar luego a la parte superior del pie, subiendo hasta el tobillo.

✔ En las piernas, resulta muy gratificante el "masaje en espiral", que consiste en coger la extremidad con las dos manos y, mientras con la de arriba se la hace girar hacia la izquierda, con la de abajo se retuerce suavemente hacia la derecha, enroscando suavemente la piel y los músculos.

✔ Una de las zonas en las que el masaje resulta más efectivo es en la tripa del bebé. Es sencillo: basta con poner la mano en su abdomen y ejecutar movimientos suaves, de dentro a fuera. También, usando los pulgares, se puede masajear desde el ombligo hacia los costados.

✔ En brazos y manos se puede repetir el masaje "en espiral" de las piernas, seguido de un masaje efectuado con las manos abiertas en ambos brazos. En la espalda, lo mejor es describir pequeños círculos por los músculos de esta zona, paralelos a la columna vertebral.

Aceite de almendras y otras ayudas

Sin duda, el mejor aliado del masaje infantil es el aceite de almendras dulces que, además de proteger su piel, posee reconocidas propiedades relajantes. Los aceites esenciales (aromaterapia) también ofrecen soluciones, aunque siempre hay que tener mucho cuidado tanto con el aceite elegido como con las cantidades utilizadas. Una de las preparaciones que más ayudan a conciliar el sueño es la que incluye la siguiente mezcla: como base, 100 ml de aceite de almendras dulces, al que se añaden cinco gotas de cada uno de los siguientes aceites esenciales: lavanda, ylang ylang y camomila.

Asímismo hay evidencias de que otras terapias que emplean el masaje, como la reflexología y la osteopatía craneal, pueden aliviar algunos de los síntomas típicos infantiles, debido sobre todo al efecto calmante y relajante que ejercen en el bebé.

39
Pegadito a mamá y a papá: la importancia de los besos y abrazos

Varias investigaciones científicas han demostrado que los niños que están privados durante las primeras semanas de vida del contacto "piel con piel" con sus madres son más propensos a padecer situaciones estresantes (que pueden dar lugar años después a problemas de déficit de atención), cólico del lactante y problemas de sueño.

Qué dice el experto
"El contacto físico es muy importante para cualquier bebé, y las caricias y los abrazos son, además, una manera de 'institucionalizar' ese contacto físico, que resulta relajante para el niño que lo recibe y los papás que lo dan, ayudando a crear un ambiente más tranquilo y feliz."
Dr. José Antonio Martínez Orgado. Servicio de Neonatología del Hospital Universitario Puerta de Hierro, de Madrid.

✔ En los recién nacidos, el contacto físico se transforma en un tipo de lenguaje temprano, ya que los bebés responden al contacto "piel con piel". Los besos, los abrazos y las caricias resultan, además de gratificantes, relajantes, tanto para los padres como para el bebé, además de fomentar en este un crecimiento y un desarrollo saludables.

✔ Los expertos han demostrado la existencia de un periodo sensible, comprendido entre las primeras horas y los primeros días después del nacimiento, durante el cual es muy importante que los padres establezcan un vínculo con el bebé, y para ello, nada mejor que los besos y abrazos.

✔ Está demostrado que las sensaciones que el niño recibe a través del contacto físico redundan directamente en su bienestar emocional, favorecen su desarrollo cerebral (potenciando funciones como la creatividad) y aumentan su autoestima.

✔ Es importante prodigarle al niño distintos tipos de caricias. Sentado en el regazo, acariciar suavemente los brazos, las piernas, la cabeza... Es bueno que el padre y la madre alternen este "ejercicio de caricias"; de esta forma, el niño pronto aprenderá a distinguir entre las caricias de uno y otro.

✔ Un hábito muy importante es acompañar de caricias la hora de la comida o el momento de acunarle antes de dormir, para favorecer el contacto piel con piel.

✔ Las madres que dan el pecho tienen un contacto más estrecho con el cuerpo de su hijo que las que lo alimentan con biberón. Para solventar este pequeño "desajuste", los expertos recomienda pegar al niño al máximo al cuerpo de la madre al darle el biberón y acariciarle antes y después de la toma.

✔ El llamado "método canguro" cada vez está demostrando más beneficios en el caso de los bebés prematuros. Básicamente, este método consiste en sacar al niño de la incubadora y mantenerlo durante unos minutos en contacto directo con la madre. Está demostrado que el

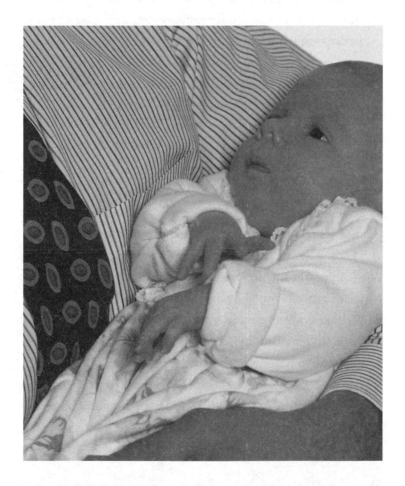

contacto piel con piel puede resultar incluso más beneficioso para estos niños que la incubadora: mantienen
su calor corporal, están más calmados, respiran mejor e
incluso tienen el pulso más estables.

✔ Los niños nacidos a término también pueden beneficiar-
se de este método (las mochilitas marsupiales resultan
muy prácticas en este sentido). De hecho, las investigaciones han puesto de manifiesto que los bebés que mantienen con frecuencia un contacto piel con piel con sus
padres lloran menos, están más tranquilos (se reducen los
niveles de la hormona del estrés), se adaptan mejor y más
rápidamente a la lactancia materna y, sobre todo, se afian-
za de forma muy intensa el vínculo materno-filial.

El caso de la madre australiana

Hace pocos meses, una noticia procedente de Australia con-
movió a todo el planeta. Se trata de la historia de la australia-
na Kate Ogg, quien dio a luz a gemelos, un niño y una niña,
a las 27 semanas de gestación. Si bien la niña. Emily, sobrevi-
vió, el niño, Jamie, tras 20 minutos de esfuerzos infructuosos
por reanimarle, fue declarado oficialmente muerto, y así se lo
hicieron saber los médicos a sus consternados padres. Kate
cogió el cuerpo de su hijo y durante aproximadamente dos
horas, estuvo hablándole, besándole y acariciándole; pasado
este tiempo el niño, milagrosamente, empezó a mostrar signos de vida. Poco después los médicos visitaron a la madre y,
sorprendidos ante lo ocurrido, comprobaron con el estetos-
copio que el niño presentaba latido cardiaco.

40

¡Acunarle no es malo!

Muchas personas creen, erróneamente, que acunar a los bebés es contraproducente porque pueden acostumbrarse a los brazos y no desarrollar adecuadamente su autonomía. No es cierto. Es más, el hecho de acunarle con frecuencia es una de las mejores estrategias para reforzar el vínculo entre madres (y también, padres) e hijos.

Qué dice el experto

"Las investigaciones recientes están demostrando lo que las madres experimentadas saben desde hace mucho tiempo: que acunar y llevar al niño en brazos con frecuencia es bueno tanto para los padres como para él."

Dr. William Sears, pediatra norteamericano autor de más de 40 libros sobre educación infantil.

✔ El movimiento de vaivén al que se somete a los bebés cuando se les acuna les tranquiliza, les relaja y los induce al sueño. La razón es que les evoca una sensación que, además de familiar, les resulta agradable: les recuerda a los movimientos rítmicos que percibían en el útero materno.

✔ Durante las primeras semanas de vida, los expertos recomiendan acunar al niño con su cabeza pegada al lado izquierdo del pecho de la madre, ya que en esta postura siente los latidos de su corazón, el ritmo regular de su respiración, la resonancia de su voz y su perfume. No hay nada más reconfortante y tranquilizador para un recién nacido.

✔ Además, este tipo de contacto constituye una de las formas más efectivas de crear un estrecho vínculo maternofilial. Acunar al bebé y acariciarlo suavemente de diferentes formas hace que se establezca un contacto "a flor de piel" que durará toda la vida.

✔ Para reforzar los efectos de acunarle se puede imitar el arrullo y las vocalizaciones del bebé, que constituyen sus primeros esfuerzos por comunicarse.

✔ El modo más habitual de acunar a un bebé es colocar su cabeza en el hueco del brazo, apoyada sobre el corazón. Algunos niños, sin embargo, prefieren otras posturas para ser acunados, y no hay ninguna razón para negárselo. La clave es que tanto la madre como el niño se muestren cómodos y relajados.

✔ Para calmar a un niño que llora es aconsejable acunarlo con "afectuosa energía" (siempre teniendo cuidado de no transmitirle nerviosismo o ansiedad), con una voz susurrante, diciéndole palabras dulces.

Siempre, del lado izquierdo

Alrededor del 80 por ciento de las mujeres, independientemente de si son zurdas o diestras, siempre cogen al bebé con el brazo izquierdo a la hora de acunarle. Esta tendencia natural materna ha tenido muchas explicaciones. Una de las más recientes apunta a que se trata de la manifestación de un sofisticado lenguaje neurolingüístico en el que están implicados los hemisferios cerebrales tanto de la madre como del hijo. Ambos lados del cerebro participan en el procesamiento de las emociones, pero está demostrado que el derecho es crucial en la relación del niño con su madre: cuando un bebé es acunado a la izquierda de su mamá, las señales maternas le llegan por el oído izquierdo y son procesadas en el hemisferio cerebral derecho, que es donde se reconocen los gestos emocionales y las expresiones faciales. Por otro lado, los expertos han comprobado que las mujeres que acunan a sus hijos al lado derecho son menos sensibles a las señales que les llegan del recién nacido.

41
Las nanas: todo son beneficios

Desde tiempos ancestrales, las madres han cantado a sus hijos para que favorecer que estos se durmieran. Y bajo esos "arrorrós" o "duérmete niño" se esconde un enorme potencial de relax y tranquilidad que no solo induce al sueño sino que, además, aporta muchos beneficios añadidos al bienestar del bebé.

Qué dice el experto:
"Por la ley de la resonancia vibratoria, la música activa millares de células cerebrales, favoreciendo el reequilibrio armónico. Esta es la razón por la que la música en general, y las nanas en particular, ejercen efectos benéficos a nivel cerebral."
Marco Todeschini, científico italiano, autor de la obra *Psicobiofísica*.

✔ Las nanas ayudan a que, en muy poco tiempo, el niño sincronice su respiración y esta se vuelva más lenta y armónica: está comprobado que en cuanto escucha los primeros sones musicales, el bebé comienza a respirar siguiendo el ritmo de la melodía.

✔ El tándem formado por la voz de mamá y la música hace que el ritmo cardiaco del niño se ralentice, con lo que disminuyen las tensiones musculares, el cuerpo se relaja y el bebé experimenta una sensación de bienestar que favorece el sueño.

✔ ¿La mejor forma de cantarle una nana? Mientras le acunas. La unión de movimiento, ritmo y canto refuerza el efecto benéfico de todos estos gestos sobre el estado del bebé. Además, suele ocurrir que cuando se coge al niño en brazos para acunarle y cantarle una nana, instintivamente se le deposita sobre el brazo izquierdo, favoreciendo que el niño apoye su cabeza sobre el corazón materno. Los sonidos que percibe desde esta posición (los latidos del corazón), tienen, ya lo hemos visto, un doble efecto relajante para el bebé: por un lado, le resultan familiares, ya que le retrotraen a su vida uterina; y, por otro, el ritmo de los latidos, unidos a la música, le transmiten confianza y hacen que se relaje.

✔ En cuanto al tono, cuanto más bajito, mejor. Precisamente, uno de los beneficios de las nanas, que las diferencia de otras piezas musicales, es su baja tonalidad, sin sobresaltos ni cambios de ritmo o frecuencia, y todo ello se pierde si se alza mucho el volumen. En este sentido, el científico italiano Marco Todeschini aconsejaba cantar las nanas en un tono que roce el llamado "umbral de percepción", esto es, que el niño apenas la sienta.

✔ Una buena idea es recuperar el repertorio de esas nanas "de siempre", que se han ido transmitiendo de generación en generación. Además de relajarle y ayudarle a dormir, estas composiciones tradicionales tienen un beneficio añadido de cara a su desarrollo y que se caracterizan por una cadencia y una sonoridad que suponen un estímulo muy poderoso, sobre todo para el sentido del oído. En este sentido, cuántas más onomatopeyas y repeticiones tengan, mejor.

✔ Un buen "remedio de emergencia" si la madre no puede cantarle la nana "en directo" es grabar cuatro o cinco melodías cantadas por ella, con un tono bajo y a un ritmo lento y constante, y pedirle a la persona que se vaya a hacer cargo del niño que haga que escuche la grabación antes de dormir.

Y papá, también

Son muchas las evidencias científicas de que la voz preferida por los bebés, ya incluso antes de nacer, es la materna. Pero eso no significa que las nanas sean patrimonio exclusivo materno: tal y como ha demostrado el doctor William Frifer, de la Universidad de Carolina del Norte (EE.UU.), el hecho de que los bebés prefieran la voz materna a la de otras personas se debe simplemente a que es la que más acostumbrado está a escuchar. Por tanto, no hay ninguna razón que impida a los padres ser partícipes de estas canciones. De hecho, algunos psicólogos recomiendan que lo ideal es que el padre se alterne con la madre a la hora de acunar al niño y cantarle nanas.

42

Cuentos para dormir; cuáles, cuándo y cómo contárselos

Los cuentos para dormir son todo un clásico en lo que a "ritos inductores del sueño" se refiere. Se trata sin duda de una forma estupenda de distraer al niño y hacer

que "desconecte" y así, de la mano de la su imaginación, vaya produciéndose una dulce transición entre la vigilia y el sueño.

Qué dice el experto

"Nunca es demasiado pronto para empezar a leer en voz alta al niño. No espere hasta que tenga la edad suficiente para entender cuentos, poesías y canciones. Los versos gustan especialmente a los niños pues se divierten con las rimas. Y lejos de ser una pérdida de tiempo, coger a un bebé, sentarlo en el regazo para mirar y comentar los dibujos de un libro es una actividad que a cualquier edad le prepara para la lectura."

Dr. David Haslam, profesor asociado de Pediatría y Microbiología Molecular en la Universidad de Washington.

✔ Numerosas investigaciones realizadas al respecto han constatado que los niños que se duermen con un cuento tienen un sueño más sereno y padecen menos pesadillas.

✔ Los cuentos hacen que los bebés aprendan el "arte" de traducir su propio mundo interior en paisajes, colores, sonidos y aventuras.

✔ Haz del cuento un momento íntimo, tú y tu bebé solos en la habitación, y no permitas que nadie interfiera en esa intimidad.

✔ En cuanto al tipo de cuento, hay gustos para todo. Lo cierto es que un buen número de niños manifiestan una especial querencia por escuchar el mismo cuento una y otra vez. Otros, en cambio, piden uno distinto cada noche. Lo mejor es adaptarse a los gustos del niño (aunque qué duda cabe que repetir el mismo cuento una y otra vez puede resultar bastante aburrido para el "narrador").

✔ Si hay más de un niño en casa, lo mejor es leerles los cuentos por separado, uno a uno, para así potenciar ese halo de intimidad y misterio que se busca y evitar que se distraigan entre ellos.

✔ La lectura de cuentos ilustrados ayuda mucho al niño a "meterse" en la historia, pero a la hora de dormir es más recomendable que se limiten a oír la voz del padre o la madre, ya que tiene un efecto más relajante.

✔ Otra fórmula que funciona muy bien es que los padres improvisen el cuento, lo que tiene la ventaja añadida de que puede hacerlo con la luz apagada, favoreciendo así que el niño se duerma.

✔ Es importante que el cuento termine siempre de forma alegre y positiva, dejando en el niño un buen sabor de boca que le incite a soñar con lo que acaba de escuchar,

✔ Ya sea improvisado o leído, lo cierto es que los cuentos, además de inducir a la relajación y al sueño, constituyen una excelente forma de comunicación y de estrechar lazos entre padres e hijos.

✔ Cuando el niño vaya siendo mayor se puede sustituir el cuento nocturno por pequeñas charlas en las que los padres hablen con él (en tono de voz bajo, eso sí) sobre cómo les ha ido el día, lo que van a hacer el próximo fin de semana o cuál es su juguete preferido, por ejemplo.

Tercera parte

"Había una vez...."

Desde tiempos inmemoriales, los padres han empezado a contar cuentos a sus hijos recurriendo a esta fórmula, que para los niños supone la puerta de entrada al mundo de la imaginación y la fantasía y también le asegura la transición entre la vigilia y el sueño. Tal y como apuntó el escritor italiano Italo Calvino: "Los cuentos son ciertos. Son una explicación general de la vida, que desde tiempos ancestrales se han ido conservando en la memoria colectiva hasta el día de hoy".

Los cuentos y leyendas de *Las mil y una noches* o las narraciones de Grimm y Perrault estas específicamente adaptadas a la imaginación infantil. Según los expertos, los cuentos contribuyen a reorganizar el mundo interior de los niños.

43

Infusiones: una ayuda a tener en cuenta

Cuando el niño no duerme los padres buscan remedios que les puedan echar una mano sin perjudicar la salud del pequeño. La fitoterapia o, lo que es lo mismo, el uso medicinal de las propiedades de las plantas, es una buena alternativa, ya que muchas de ellas tienen reconocidos efectos relajantes sobre el sistema nervioso, por lo que pueden ayudarle a conciliar el sueño más fácilmente.

Qué dice el experto

"Los somníferos no son fármacos exentos de efectos secundarios. Y cuando se trata de los bebés, puede tener serias consecuencias, ya que su cerebro está en pleno desarrollo, y se puede poner en peligro la delicada química y redes cerebrales, que se están organizando para equilibrar los patrones de sueño del niño."

Dra. Marie Thirion, especialista en problemas del sueño infantil.

✔ Las tisanas e infusiones son una buena alternativa a los fármacos somníferos tradicionales, totalmente contraindicados en niños.

✔ Sin embargo, y aunque la mayoría están exentas de efectos secundarios serios, nunca hay que darle al niño una infusión sin haber consultado al pediatra previamente.

✔ La infusión de azahar o de naranja dulce es una de las más recurridas y se prepara de la siguiente manera: a un litro de agua hirviendo, se añaden dos cucharadas soperas de hojas de naranja y otras dos cucharadas soperas de flores de naranja. Dejar reposar entre 5 y 10 minutos. Antes de llenar el biberón con la infusión, añadir una cucharadita de café de agua de azahar. La cantidad aconsejada es un cuarto de biberón con un poco de azúcar.

✔ Otra infusión recomendable es la que se elabora añadiendo a un litro de agua hirviendo una cucharada sopera de hojas de malva, dos cucharadas soperas de hojas de brezo y dos cucharadas soperas de flores de tila. Dejar reposar entre 5 y 10 minutos antes de rellenar con ella un cuarto de biberón.

✔ La infusión de avena también está recomendada para inducir el sueño, aunque sus efectos sedantes son más suaves. La tisana se elabora haciendo una decocción de las semillas (de venta en herbolarios).

✔ Pero sin duda, la planta aliada del sueño infantil por antonomasia es la lavanda. Su infusión, más que bebida (no está recomendada para bebés) es muy efectiva si se añade al agua del baño, ya que tiene unas más que reconocidas propiedades sedantes, ideales para calmar los nervios y la inquietud de los pequeños antes de dormir.

El poder "somnífero" de la leche

Las infusiones son muy efectivas, pero sin duda, la bebida más relajante que existe para los bebés es la leche. Esta contiene un aminoácido, el triptófano cuyas propiedades a nivel cerebral como inductor del sueño son de sobra conocidas. Cuando el niño ya no toma el pecho se le puede dar antes de dormir un biberón de leche con un poco de cereales. En este sentido, un estudio publicado hace un tiempo en la prestigiosa publicación médica *British Medical Journal*, demostró que, en niños más mayores, la ingesta de leche con cereales antes de acostarse está relacionada con la disminución de la agitación nocturna y con una mayor facilidad para conciliar el sueño.

44

Homeopatía y otros remedios naturales

En países como Estados Unidos, entre el 2 y el 10 por ciento de la población infantil consume remedios homeopáticos. Se trata de una alterativa que ha demostrado ser eficaz en dolencias típicas infantiles y, también, en las alteraciones del sueño. Y lo mismo ocurre con otras opciones alternativas como la fitoterapia. Sin embargo, nunca se deben administrar estas sustancias al niño sin consultarlo previamente con el pediatra.

Qué dice el experto

"Los fármacos elaborados a base de sustancias naturales, como los biorreguladores, pueden administrarse a bebés porque son muy seguros, y, además, no presentan efectos secundarios."

María Ángeles Mochales, pediatra y vicepresidenta de la Asociación para el Estudio de la Medicina Biorreguladora (Asembior).

✔ Según los expertos de la Academia Americana de Pediatría, el especialista puede recomendar o no un tratamiento de medicina alternativa, pero siempre como complemento al tratamiento médico. Por tanto, antes de administrar homeopatía al bebé hay que seguir dos pasos fundamentales: el primero, consultar con el pediatra, y el segundo, no sustituir los fármacos o remedios que este haya prescrito por uno homeopático.

✔ Lo que sí se ha demostrado han sido los efectos positivos de los medicamentos homeopáticos en algunas de las dolencias más típicas de la infancia y para las que no hay un tratamiento, digamos, convencional. Tal es el caso del cólico del lactante, dolencia para las que los especialistas recomiendan remedios como Nux vomica, la magnesia carbónica o el fosfato de sodio.

✔ En el caso de las alteraciones del sueño, se ha demostrado que hay remedios, como Lachesis, Pulsatilla y Nux vomica, que pueden ayudar en este sentido reduciendo los estados de ansiedad que en muchos casos se esconden detrás de los despertares nocturnos.

✔ Otra terapia natural o alternativa, la fitoterapia (aplicación de las propiedades de las plantas medicinales) también ha demostrado ser muy efectiva para tratar los problemas de sueño en los niños. Entre los remedios fitoterapéuticos más habituales a estas edades se encuentran la manzanilla, el hinojo y el anís verde, tres plantas que, debido a sus propiedades carminativas y digestivas, alivian las molestias que le producen al bebé los gases y el cólico del lactante. La manzanilla también posee un

efecto calmante que la hace muy recomendable en los casos en los que el niño no duerme bien por la noche o tiene un sueño muy inquieto.

Medicina biorreguladora: una buena opción

Lo que se conoce como medicina biorreguladora, esto es, aquella que se basa en la aplicación de fármacos elaborados a base de sustancias totalmente naturales, con el objetivo de activar los mecanismos de defensa del propio organismo, también puede resultar beneficiosa en los casos de los problemas infantiles relacionados con el sueño. Además de la ausencia de efectos secundarios, este tipo de medicina tiene la ventaja de que ayuda a los niños a recuperar su propia energía (objetivo de estos fármacos), con lo que se solventan muchos de los problemas típicos. Los fármacos biorreguladores pueden administrarse a bebés porque son muy seguros, ya que están elaborados a base de sustancias vegetales y minerales en cantidades mínimas. Tal y como explica la pediatra María Ángeles Mochales, vicepresidenta de la Asociación para el Estudio de la Medicina Biorreguladora (Asembior), con estos fármacos se pueden tratar todas las enfermedades de origen bacteriano y vírico y también los trastornos del aparato digestivo o de la piel.

45
Melatonina: ¿sí o no?

Cada vez son más las personas que recurren a los suplementos de melatonina para regular sus patrones de sueño y prevenir y tratar el insomnio. Su efectividad ha dado lugar a que muchos padres de niños insomnes o con alteraciones del sueño se hayan planteado la posibilidad de administrársela. Los pediatras han hecho recientemente una serie de recomendaciones al respecto.

Qué dice el experto
"La melatonina en niños solo se aconseja en ocasiones para facilitar el inicio del sueño y en aquellos casos en los que el trastorno esté asociado a una alteración del ritmo sueño-vigilia. No es adecuado ni saludable aumentar, sin indicación ni control, la dosis recomendada de melatonina, que oscila entre uno y tres miligramos al día."

✔ La melatonina es una hormona producida, en su mayoría, en la glándula pineal del cerebro humano durante la fase oscura del día. Se distribuye por todo el organismo, de forma que su influencia se extiende a la mayoría de los órganos del cuerpo humano. La principal función de esta hormona es facilitar el inicio del sueño, regulando el ritmo sueño-vigilia.

✔ Se sabe que su presencia en sangre no es constante: durante la fase de oscuridad del día la cantidad de melatonina en sangre es mayor, siendo menor durante la fase de luz del día. Este ritmo (circadiano) se consolida a partir de los 5-6 meses de vida.

✔ Recientemente, la Asociación Española de pediatría (AEP), la Sociedad Española del Sueño (SES), la Sociedad Española de Pediatría Extrahospitalaria y de Atención primaria y la Asociación Española de Pediatría de Atención Primaria han elaborado un informe conjunto titulado: *Uso de la melatonina oral en edad pediátrica*, en el que hacen una serie recomendaciones sobre el uso de preparados orales de esta hormona en niños:

En bebés menores de tres meses no se debe utilizar esta sustancia.

• En niños de 6 a 12 meses se ha demostrado su eficacia como regulador del ritmo circadiano del sueño, pero se desconocen sus posibles efectos secundarios a medio y largo plazo. Si se utiliza, su administración no debería prolongarse más de cuatro semanas y siempre bajo supervisión médica.

- Para los niños de entre uno y tres años, las recomendaciones son las mismas que para el segmento anterior. En el caso de que se administre, es el médico el que debe indicar y controlar la duración del tratamiento.

- Para los niños mayores de tres años, existen datos que demuestran su eficacia como regulador del sueño, y no se han visto efectos secundarios no deseados durante los tres primeros años de seguimiento tras finalizar el tratamiento (aunque actualmente no se dispone de datos a más largo plazo). Su utilización debe estar indicada y supervisada por el pediatra y/o especialista en el sueño.

Otras hormonas relacionadas con el sueño

Aunque la melatonina es la "hormona del sueño" por antonomasia, hay otras hormonas que también pueden influir en mayor o menor medida en los patrones de sueño en general y los de los niños en particular. Es el caso, por ejemplo, del cortisol u hormona del estrés, cuyos niveles descienden naturalmente a media tarde, favoreciendo el sueño.

Otra de las hormonas que tiene incidencia sobre la forma de dormir es la serotonina, también conocida como la hormona del buen humor ya que regula las funciones cerebrales implicadas en el estado de ánimo. Su déficit puede dar lugar a alteraciones del sueño como el insomnio y, también, a un estado de ánimo bajo.

46
Música: las mejores piezas para animarle a dormir

Está científicamente demostrado el efecto benéfico que la música tiene para los bebés ya desde la vida uterina. De hecho, hay programas de estimulación prenatal consistentes en que la madre se ponga unos auriculares sobre el abdomen para así facilitar que las piezas musicales lleguen a su hijo y este desarrolle antes una serie de capacidades cognitivas

Qué dice el experto

"Los bebés se muestran muy receptivos ante la música. De hecho, los estudios han demostrado que niños de seis meses recuerdan el ritmo y el timbre de los instrumentos (arpa, piano). También hay investigaciones que han revelado que los bebés de cuatro meses se inclinan más por la música armónica que por la disonante y que muestran menor agitación con la primera que con la segunda. No se equivocan, pues, quienes dicen que cada bebé lleva dentro a un pequeño Mozart durmiente."

Serge Ciccoti, doctor en psicología, investigador adjunto en la Universidad Bretagne-Sud (Francia) y autor del libro *¿Cómo piensan los bebés?*.

✔ Las investigaciones han demostrado que si durante el embarazo la madre ha tenido la costumbre de cantar una determinada canción, el bebé, una vez que ha nacido, prestará especial atención al escucharla. También, en estudios realizados en fetos, se ha constatado que la audición de música clásica los relaja mientras que la estridente los acelera y hace latir más rápido su corazón.

✔ Una vez ha nacido, la música sigue ejerciendo una influencia beneficiosa en el desarrollo del niño y, también, en la regulación y afianzamiento de sus patrones de comportamiento, como los de sueño y vigilia.

✔ Es interesante estar pendiente de las reacciones del niño respecto a la música. De 0 a 9 meses, responden a las piezas musicales de muchas maneras: establecen contacto visual con los padres cuando estos le cantan; mueven sus brazos y piernas; echan la cabeza hacia otro lado cuando necesitan un descanso...

✔ A partir de los 9 meses y hasta el año y medio la actitud hacia la música cambia un poco: les encanta compartirla con otros niños, usando los sonidos, movimientos y expresiones faciales para interactuar; pero sobre todo, es a estas edades cuando el hecho de escuchar de forma reiterada una canción conocida les proporciona una sensación de seguridad, de ahí que cantarle todas las noches la misma canción antes de irse a dormir le haga más fácil la transición entre el sueño y la vigilia y juegue una parte fundamental en el establecimiento de la rutina del sueño.

✔ En torno a los 18 meses los niños empiezan a desarrollar una tendencia a inventar sus propias canciones y a menudo se cantan a sí mismos para reconfortarse; por eso es frecuente oírles canturrear antes de dormirse o si se despiertan a media noche.

✔ Los expertos recomiendan tararear con frecuencia a los bebés desde el principio. Está demostrado que prefieren la voz de papá y mamá por encima de cualquier otra (no pasa nada si se entona mal o si uno no está especialmente dotado para la música).

✔ Es importante que las canciones que se le canten o se le hagan escuchar antes de dormir sean "especiales" y distintas de las que oye durante el resto del día. De esta forma, el niño aprenderá a relacionar esta canción de cuna con la hora de dormir.

✔ En cuanto al repertorio, cualquier canción, clásica o no, que sea armónica, ligera y poco estridente puede servir. Las nanas tradicionales son un valor seguro, así como también algunas piezas clásicas como algunas composiciones de Mozart, Vivaldi o Brahms.

¿Qué es el efecto Mozart?

Se entiende por "Efecto Mozart" el efecto que la música de este compositor ejerce en el comportamiento de los bebés, proporcionándoles un mayor desarrollo intelectual y creativo y relajando su sistema nervioso. Así, por ejemplo, algunas investigaciones realizadas al respecto han demostrado que piezas como andante del Concierto para piano número 21 en do mayor; Rondó de la *Sonata en fa mayor para violín y piano*; y el rondó allegro de *Una pequeña serenata nocturna* incitan a la calma al niño, ralentizando su pulso y reduciendo su tensión nerviosa, mientras que otras como el andante de la *Sinfonía nº 25 en sol menor* ofrecen un tema y unos ritmos perfectos para incitar al sueño, similares a los de una nana.

47

Juguetes aliados del sueño

Son el complemento ideal a la rutina del sueño que debe seguir el niño y constituyen, junto con el objeto sustituto (ver el capítulo siguiente) una pieza clave en el ritual que se lleva a cabo todas las noches antes de meterse en la cama. Hay distintos modelos para todos los gustos, y la mayoría de ellos asocian música, dibujos y movimiento. Pero también sirve para este cometido cualquier juguete u objeto "casero". Lo importante es que el niño lo utilice sólo por la noche.

Qué dice el experto

"Durante los dos primeros años de vida a los niños les encantan los juguetes musicales y los que requieren coordinación entre los ojos y las manos. Está demostrado que aquellos niños que disfrutan de una gran variedad de objetos disponibles con los que jugar se adaptan mejor a las rutinas diarias (entre ellas la del sueño) y dan muestra de un desarrollo intelectual mayor hacia los 3 y 4 años."

Dra. Kathy Hirsh-Pasek, directora del Laboratorio Infantil de la Universidad de Temple (EE.UU.), y autora del libro *Einstein nunca memorizó, aprendió jugando.*

✔ El repertorio de juguetes y actividades diseñadas para favorecer el sueño de los niños que se pueden encontrar en las jugueterías y tiendas de puericultura es muy amplio. La elección de uno u otro dependerá de la edad del niño y, también, de sus gustos y del nivel de desarrollo.

✔ Los juguetes "de noche" deben cumplir dos premisas básicas: una, compartida con el resto de los juguetes, es la seguridad (deben estar adaptados a la edad del niño y carecer de piezas que puedan desprenderse o desmontarse); y otra, tienen que "salir a la palestra" solo en el momento en que el niño se vaya a la cama, para que los asocie con la hora del sueño.

✔ Un clásico en este sentido son los carruseles, carrillones o cajas de música que emiten sonidos o reproducen nanas. Muchos de ellos están diseñados para ser colocados en la cuna y aúnan música y movimiento, ejerciendo un efecto muy relajante que induce al niño al sueño. Además, estos juguetes tienen el valor añadido de que garantizan a los bebés los estímulos necesarios para el desarrollo progresivo de su sistema visual ayudando, en el caso de los recién nacidos, a pasar de la visión borrosa de los primeros días a la capacidad de distinguir niveles bajos de claridad entre figuras y fondo. La única precaución que hay que adoptar es fijarlos bien a la cuna de forma que queden firmes, evitando así el riesgo de que caigan encima del niño.

✔ Otra alternativa muy de moda son los proyectores de luz, los cuales, al ritmo de una dulce melodía y con la habitación a oscuras, proyectan sobre techos y paredes distintos dibujos o siluetas que el niño relaciona con la hora del sueño: lunas animadas, estrellitas, ositos en pijama...

✔ Una de las opciones más novedosas son los animalitos o mascotas de semillas, que, además de estimular la creatividad y el afecto de los niños, almacenan calor (se pueden introducir en el microondas) y regulan la humedad. Son totalmente seguros e higiénicos.

✔ Lo ideal es que esta rutina lúdica pre-sueño sea compartida con los padres y dure entre 10 y 30 minutos. Es importante que este tiempo sea todos los días el mismo y el niño tenga claro que se trata de una actividad limitada y que, una vez cumplido el plazo estipulado, debe dormir.

✔ Se deben evitar los juegos y actividades que impliquen ejercicio físico (correr, saltar) y, en general, todas aquellas que puedan resultar excesivamente estimulantes y desvelar al niño.

Testimonio

"Tras un largo inventario de juguetes y entretenimientos de todo tipo que intentamos, sin éxito, que ayudaran a mi hija Clara, una niña sumamente activa y nerviosa, a conciliar el sueño, un día, por casualidad, dimos con la fórmula perfecta: pegamos las fotos de todos los miembros de la familia en la cara de los muñequitos de uno de los varios modelos de carrusel que habíamos probado en su cuna. El efecto fue casi hipnótico: en cuanto el carrusel comenzó a girar, Clara se relajó... y en tres minutos estaba profundamente dormida."

48

Ositos, muñecos y demás: el papel de los "objetos transicionales"

"¡No sin mi osito!"; este sería el grito de guerra, si ya pudiesen hablar, de un buen número de niños a la hora de irse a dormir. Y es que los llamados objetos transicionales o sustitutos juegan un papel muy importante durante los primeros meses de vida y, en ocasiones, resultan determinantes para disfrutar del más dulce de los sueños.

Qué dice el experto

"Existe un estado transicional entre la vida en la realidad subjetiva tal como el bebé la vive y la aceptación de la realidad exterior, y en este estado se encuadran los objetos transicionales: mantitas, chupetes, ositos, etc, a los que el bebé se aferra en sus primeros meses y que le proporcionan una defensa frente a la ansiedad, siendo a veces imprescindibles para poder conciliar el sueño."

Donald Winnicott, psicoanalista y autor de la Teoría Transicicional.

✔ Un muñeco, el pañuelo de mamá, un calcetín, un chupete desgastado… y en un buen número de casos, un osito de peluche. Este suele ser el "amuleto" o "talismán" que para muchos niños se convierte en condición sine qua non para irse a la cama.

✔ No se trata de un capricho, sino que este tipo de objetos, a los que los psicólogos denominan "transicionales", tienen su razón de ser y cumplen un importante papel: le permiten hacer la transición entre el cuerpo de la madre y el suyo propio.

✔ Ya que la madre no duerme con él y no puede sentir el contacto de su cuerpo mientras duerme, el bebé necesita recurrir a ese objeto sustituto y le encanta tocarlo, olerlo y, sobre todo, consolarse con él cuando se siente mal o solo en su cuna.

✔ Aunque hay niños que tienen un amplio repertorio de elementos sustitutos, por regla general este papel lo suele jugar un único objeto. Este objeto sustituto no puede ser impuesto: es el niño quien va mostrando sus preferencias primero y su especial querencia después por uno determinado.

✔ No hay que negarle su objeto cuando lo pida y, a ser posible, debe guardarse siempre en el mismo lugar, para que el niño sepa que está "a buen recaudo" (esto le da una sensación de seguridad).

✔ Ya que el bebé va a dormir con él, es importante vigilar que el juguete en cuestión reúne todas las condiciones de seguridad (atención especial a los ojos de determinados muñecos, que pueden desprenderse con facilidad con el riesgo que ello conlleva para el niño).

✔ Aunque no siempre es posible, lo ideal es que el objeto sustituto fuera fácilmente recambiable por otro, sino igual, de aspecto similar (forma, color, olor...) de manera que si se perdiese, el niño no notase excesivamente el cambio.

✔ Cuando el niño vaya a pasar la noche fuera de casa (con los abuelos, por ejemplo), el objeto sustituto no debe faltar en su equipaje, y lo mismo cuando la familia se vaya de viaje o vacaciones.

✔ Es importante que el objeto en cuestión reúna también las condiciones de higiene adecuadas, pero hay que tener cuidado, a la hora de lavarlo, de no privarlo de su olor y texturas características (muy importantes para el vínculo que el niño ha establecido con él). Un buen truco para minimizar los cambios del "antes y el después" es impregnar el objeto los días previos con una buena dosis de colonia infantil y reaplicarla después de lavarlo.

Testimonio

"Mi hijo Luis no mostró preferencia por ningún juguete —y eso que tenía un buen repertorio de ello- sino por un trozo de tela que cogió un día de mi costurero. Solo se dormía si lo tenía fuertemente aferrado a su mano. Un día se perdió y no hubo manera de que se durmiera: no paraba de llorar. Finalmente apareció, pero yo había aprendido la lección: al día siguiente fui a la mercería, compré un trozo grande de la misma tela y, con él, hice varios retales de exactamente las mismas dimensiones. Más vale prevenir..."

PARTE IV:
CONSEJOS PARA PADRES "QUEMADOS"

49
Cómo prepararse para las noches en blanco

Son muy pocos, poquísimos, los padres que pueden jactarse de no haber pasado una noche en blanco a causa de los patrones irregulares de sueño que caracteriza a los niños pequeños (y también a algunos no tan pequeños). De ahí la importancia de tener preparadas una serie de "estrategias de supervivencia" para plantar cara a esas primeras semanas de ajuste entre el sueño del bebé y el de sus papás.

Qué dice el experto

"Cuanto más organizados estéis antes de llegar a casa con el bebé, más felices seréis después. Eso sí: deberéis rebajar vuestras expectativas. Tendréis días buenos y no tan buenos y tenéis que estar preparados para ambos. No os afanéis por alcanzar la perfección."

Tracy Hogg, enfermera especializada en el cuidado de madres y neonatos, directora del centro de consulta Baby Technique y autora del libro *El secreto de tener bebés tranquilos y felices*.

✔ Sin duda, la mejor forma de cargar las pilas y fabricarse una "·reserva onírica" de cara a las primeras noches con el bebé en casa es seguir unos hábitos adecuados de sueño antes de la llegada del niño, evitando los trasnochos y los excesos y descansado siempre que sea posible.

✔ Las semanas previas al parto son las más indicadas para dejar a punto toda la logística de ayudas de las que se puede echar mano una vez que haya nacido el niño: un pariente, una canguro... en definitiva, alguien que se pueda ocupar del niño durante unas horas de forma que vosotros podáis salir o, simplemente, dormir una siesta.

✔ Tal vez tu dormitorio necesite algunos retoques que lo hagan más confortable de cara a conseguir un sueño reparador. Hay que aprovechar para llevar a cabo estas modificaciones antes de la llegada del bebé.

✔ La preparación de todo lo relacionado con el niño también puede ahorrar muchas fatigas a los padres una vez que el niño este ya está en casa: poner las sábanas en su cunita o cuco, montar el cambiador o el mueble bañera disponiendo alrededor del mismo todo cuanto se vaya a necesitar; poner a punto el armario del bebé...

✔ La previsión de las cuestiones domésticas también pueden ahorrar muchas horas durante los primeros días en casa con el niño (tiempo que los padres pueden aprovechar, por ejemplo, para dormir): llenar la nevera y el congelador y mantener las coladas bajo control (las primerizas no pueden hacerse una idea de la cantidad de veces que hay que poner lavadoras con un recién nacido en casa) son algunas de las tareas que se pueden ir adelantando con vistas a reducir la fatiga de las semanas posteriores.

En la maternidad: ¿en el nido o con mamá?

En muchos hospitales y maternidades se ofrece la posibilidad de llevarse al niño al nido durante la noche de forma que la madre pueda descansar. La decisión de hacerlo o no depende de cada madre y, sobre todo, del estado en que esta se encuentre después del parto. Sin embargo, esta práctica, que parece muy confortable, cada vez es menos recomendada por los expertos, sobre todo teniendo en cuenta los efectos que puede tener desde el punto de vista de la regulación del sueño del recién nacido. En la *nurserie* o nido, el niño va a pasar sus escasos periodos de vigilia en un entorno que en nada tiene que ver con el que va a tener en su casa (ruidos, llantos de otros bebés, luces….), mientras que si se queda en la habitación con mamá, será capaz de captar su presencia, su olor (está comprobado que, nada más nacer, los bebés distinguen el olor de su madre de la de cualquier otra persona) y la intimidad que esta le transmite, lo que va a incrementar una sensación de seguridad y bienestar que facilitará que sus patrones de sueño de vayan regulando.

50
Dormir... cuando duerme el bebé

Cuando el objetivo es descansar y recuperar el sueño perdido, hay que dejar un poco de lado lo que se conside-

ra "políticamente correcto" en este sentido. La mejor estrategia es priorizar qué es lo más importante durante las primeras semanas con el niño en casa (atenderle a él y descansar al máximo) y concienciarse de que no pasa nada porque el resto de las cuestiones domésticas pasen a un segundo plano.

Qué dice el experto

"El grado de preocupación o estrés de los padres por el sueño del niño puede condicionar a veces el hecho de que este duerma más o menos. Hay que intentar transmitirle calma y en este sentido, cuanto más descansados estén a su vez los padres, mejor para todos."

Dr. Félix Muñiz, Jefe del Servicio de Pediatría de Capio Hospital General de Cataluña.

✔ La clave para asegurarse las horas de sueño necesarias es olvidar durante estas primeras semanas el "protocolo del sueño". Una vez que el niño se haya dormido, lo mejor es acostarse en cuanto aparezcan los primeros signos de sueño, aunque esté todo manga por hombro, haya alguna gestión que realizar o sea demasiado pronto. Hay que mentalizarse de que, por encima de otro tipo de obligaciones o quehaceres domésticos, el sueño es ahora una prioridad absoluta y el resto puede esperar.

✔ Adopta el horario del bebé. Los expertos aconsejan seguir, en la medida de lo posible, el ciclo sueño-vigilia del niño, esto es, dormir cuando él lo hace, independientemente de la hora que sea. De esta forma, es posible recuperar,

mediante el aprovechamiento de estos periodos de somnolencia diurna, el sueño que de alguna manera se puede
estar perdiendo durante la noche.

✔ Ayuda al bebé a distinguir entre día y noche. Recuerda
que el sueño de un recién nacido está distribuido en 6 o 7
periodos. Para hacer que aquellos que corresponden a la
noche sean más largos, se recomienda ponerlo a dormir
durante el día en una habitación con mucha claridad, en
la que pueda escuchar los ruidos naturales diurnos, y
reservar la oscuridad y el silencio para la noche, acostán-
dole después de un baño y de haberle puesto el pijama. De
esta forma, irás ganando poco a poco más horas de descanso nocturno.

✔ Utiliza la luz a tu favor. Una investigación llevada a cabo
en la Universidad John Moore, de Liverpool, analizó la
relación existente entre la luz diaria y el sueño infantil y
demostró que exponer a los bebés a la luz del sol entre las
12 y las 16 horas hace que duerman mejor. Según los
expertos, la razón de esto es que esta exposición a la luz
natural ayuda a desarrollar su reloj biológico.

Testimonio

"Sin duda, las primeras semanas con Javier en casa fueron
las más agotadoras de mi vida. Y no porque el niño se por-
tara especialmente mal, sino por el ajetreo constante de
visitas que, con toda su buena intención, eso sí, pasaban
por mi casa a modo de goteo incesante para conocer al
bebé. Intenté ser educada y hospitalaria al máximo hasta
que el cansancio pudo conmigo. Entonces decidí "cerrar el

grifo": les dije que no hacía falta que vinieran a casa, que prometía devolver todas las llamadas telefónicas... y opté por invertir todo ese tiempo que empleaba en adecentar la casa, vestirme y preparar un refrigerio en echarme pequeñas siestas. ¡Una de las mejores decisiones que he tomado en mi vida!"

51
Objetivo: sobrevivir a la falta de sueño

Las noches en blanco son uno de los primeros "efectos colaterales" de la paternidad que hacen su aparición en cuanto el bebé llega a este mundo. Su repercusión en el día a día depende del comportamiento del niño y, también, de la mayor o menor capacidad de aguante de los padres respecto a la falta de sueño.

Qué dice el experto:

"El rasgo más característico de tener un hijo con trastornos del sueño, y el que más agobia, debilita y desborda a los padres, es el de su inevitable persistencia. Aunque solo sea una vez por semana, si uno tiene la certeza de dormir ininterrumpida y tranquilamente toda la noche, la anticipación de esa noche es un estímulo para seguir en la brecha."

Dr. David Haslam, profesor asociado de Pediatría y Microbiología Molecular en la Universidad de Washington y autor del libro *Trastornos del sueño infantil.*

✔ Lo primero que hay que hacer es no obsesionarse con la falta de sueño o la imposibilidad de dormir. Hay que tomarse esta situación como transitoria y, en vez de dramatizar, considerarla como un reto.

✔ Vigilar la dieta. Aunque la cafeína y los azúcares puedan proporcionar un bienestar instantáneo frente a la somnolencia, su ingesta va seguida de un bajón de energía que empeora la situación, así que lo mejor es recurrir a otras fuentes alimenticias como, por ejemplo, los tentempiés a base de melocotones secos y almendras, que, además de incrementar los niveles de energía, proporcionan la mitad de la dosis diaria recomendada de vitamina A y un 20 por ciento de las dosis de hierro, tan necesario en estos momentos.

✔ Aunque sea lo último que te apetezca, intenta hacer ejercicio. Mantenerse mínimamente activo es la mejor manera de combatir la fatiga, ya que el ejercicio incrementa los niveles de energía. No es necesario salir de casa: 20 minutos de aeróbic delante de la televisión, unos cuantos abdominales o unos simples estiramientos pueden ser suficientes.

✔ Ejercer de padres "gradualmente". Según los especialistas, el hecho de que muchas madres (sobre todo ellas, pero también hay padres que actúan de esta forma) se hagan cargo de forma exhaustiva del niño desde el primer momento les lleva a no recuperarse adecuadamente del parto lo que, unido a la falta de sueño, puede abocarlas a un estado de agotamiento en poco tiempo. Lo más recomendable es, sobre todo en los primeros días tras el parto, contar con la ayuda de algún familiar, amigo o de una persona contratada a tal fin de forma que la madre tenga más facilidades para dormir sin que las demandas del niño la interrumpan.

Sueño en el posparto: así cambia

Entre los muchos cambios que se experimentan una vez se aterriza con el bebé en casa, tal vez el que peor llevan la mayoría de las mamás es la transformación radical que se produce en sus patrones habituales de sueño: ya no duermen cuando quieren... sino cuando pueden (y en ocasiones, ni siquiera entonces). Las demandas propias de un recién nacido y las peculiaridades de sus patrones de sueño son razones más que suficientes para alterar las pautas de descanso a las que la madre estaba habituada. Y a ello hay que unir el papel que juegan las hormonas femeninas en este momento: se sabe que los estrógenos y la progesterona actúan directamente en el cerebro femenino sobre las zonas relacionadas con el sueño, modulando los receptores neuronales y regulando los niveles de vigilia o somnolencia. Durante el posparto se produce una disminución brusca de la progesterona, hormona que ejerce un influjo inhibidor sobre estos receptores cerebrales, lo que da lugar a una excitación del estado de vigilia, que predispone a padecer insomnio. Como consecuencia de ello se altera el ritmo circadiano: durante la noche ya no predomina el sueño ni la vigilia durante el día, sino que se empiezan a padecer episodios de somnolencia repartidos a lo largo de las 24 horas. Afortunadamente, se trata de una situación temporal, que puede aliviarse poniendo en marcha una serie de trucos y estrategias.

Cuarta parte

52
En busca de la intimidad perdida

Una de las facetas que se suelen ver alteradas por la llegada de un bebé a casa son las relaciones de pareja entre los padres. El cansancio, las noches en blanco, las incertidumbres ante la nueva responsabilidad que han de afrontar o el juego hormonal típico del posparto son algunos de los factores que hacen que haya que "esforzarse" en crear situaciones propicias a la intimidad.

Qué dice el experto
"El principal consejo que daría a las parejas es que no se agobien, que se lo tomen como un periodo normal. Lo mejor es no forzar las situaciones y no pretender que las cosas sean exactamente igual que antes. Las relaciones de pareja no son algo estático, sino que se van moldeando en función de las experiencias vitales compartidas."
Laura García Agustín, psicóloga clínica y directora del centro psicológico Clavesalud, de Madrid.

✔ Que la llegada de un bebé trastoca los cimientos del hogar nadie lo duda. Y en este "terremoto" también va incluida la relación entre los padres, que puede resentirse debido, sobre todo, a dos factores: el cansancio y la falta de intimidad.
✔ A ello hay que unir otra serie de elementos derivados del periodo del posparto y que afectan principalmente a las mujeres: teniendo en cuenta el auténtico carrusel hormo-

nal que el embarazo primero y el parto después producen en el organismo femenino y el agotamiento y la falta de sueño que la mayoría de las mujeres padecen en estos momentos, unido a las demandas de un recién nacido que parece regirse por un reloj interno que va "por libre", no es de extrañar que la faceta sexual haya quedado relegada a una de las últimas posiciones en lo que a prioridades vitales se refiere.

✔ Por su parte, muchos hombres se sienten rechazados o incluso celosos, ya que consideran que sus parejas dedi-

can exclusivamente su atención al nuevo miembro de la familia

✔ Por suerte se trata de una situación completamente normal y, sobre todo, temporal que, al igual que otras tantas derivadas de la maternidad, remite con el paso del tiempo, siempre y cuando haya buena voluntad por ambas partes.

✔ Todos los expertos coinciden en que ambos miembros de la pareja deben poner de su parte para conseguir crear las situaciones propicias a restablecer su intimidad. Por muy frío y poco pasional que parezca, aseguran que no pasa nada por fijar un día y una hora para mantener un encuentro íntimo.

✔ Cuidar la faceta social y las actividades de ocio también es muy importante. A muchos padres les cuesta dejar a su bebé al cuidado de otra persona, pero es algo necesario para liberarse durante unas horas de la rutina que supone el cuidado del bebé.

✔ También es importante aprender a sacar partido de la situación: el periodo inmediatamente posterior al parto, en el que no están aconsejadas las relaciones sexuales plenas, es el más indicado para estrechar otro tipo de vínculos afectivos con la pareja como la ternura y, sobre todo, la comunicación.

Claves para recuperar el "ánimo"

✔ Romper el hielo. Los expertos recomiendan reiniciar las relaciones sexuales lentamente. Preferiblemente, elegir para ello un día y un lugar en el que las prisas no formen parte del "decorado". En este tema, como en tantos otros, las precipitaciones son malas consejeras.

✔ Tener expectativas realistas. Es importante no idealizar la situación y tener presente los cambios, tanto físicos como psíquicos, que trae consigo el hecho de tener un bebé, sobre todo para las mujeres.

✔ Acabar con las ideas preconcebidas. Por ejemplo, una de las creencias femeninas más erróneas al respecto es que el hecho de lucir estrías o algunos kilos de más las hace menos deseables a los ojos de su compañero; muy al contrario: un buen número de hombres se muestran encantados con el aspecto exuberante y más "redondeado" que muchas mujeres lucen en estos momentos.

✔ Recurrir al sentido del humor. Resulta un estupendo aliado a la hora de desdramatizar situaciones y quitar hierro al asunto.

✔ Pedir ayuda. Si la falta de apetito sexual se prolonga más de lo habitual se puede consultar a un médico para que este descarte algún problema físico (anemia, mala cicatrización de la episiotomía). También sería conveniente acudir a un psicoterapeuta para que detecte posibles problemas psicológicos.

53
Pautas para no perder los nervios

La falta de sueño, el cansancio y la poca destreza a la hora de afrontar el cuidado del bebé pueden suponer un

auténtico "cóctel Molotov" para el sistema nervioso de los padres, haciendo que incluso aquellos que se caracterizan por tener un talante sereno pierdan en algún momento los papeles.

Qué dice el experto

"Muchos padres creen que el sueño del niño solo es importante para él. Pero que el niño adopte unos patrones adecuados de sueño es también vital para los padres en muchos sentidos. Y es que disponer de tiempo para uno mismo, para el descanso y el ocio, no es una pretensión egoísta sino que, muy al contrario, se trata de una necesidad tan básica para el organismo como la comida o la bebida."

Dr. John Pearce, profesor emérito de Psiquiatría Infantil en la Universidad de Nottingham (Gran Bretaña).

✔ Una buena estrategia para evitar que la tensión se acumule es autoconcederse un periodo de adaptación. Las ansias de perfeccionismo pueden ser las principales desencadenantes de una crisis nerviosa. Según los expertos, las mujeres perfeccionistas se sienten culpables si no hacen todo de forma impoluta y dan por hecho que el resto de las madres son mucho más eficientes que ellas.

✔ Como consecuencia de ello, se imponen metas tan poco realistas como despertarse siempre al primer llanto del niño, conseguir que este coja el pecho a la primera o recuperar la línea a los dos días de salir de la clínica. La clave es desterrar cualquier ideal de perfección, intentar hacerlo lo mejor posible y, simplemente, intentar "apagar" fuegos día a día, manteniendo en todo momento una actitud lo más calmada posible.

✔ Es importante establecer un "sistema de turnos". En muchos hogares, es generalmente la madre la que se levanta por la noche para atender a las demandas del niño. Esto puede generar un plus de cansancio que a su vez puede alterar sobremanera el estado nervioso. Lo mejor es que ambos padres se turnen. Si el niño está siendo alimentado al pecho, una buena opción es que la madre se extraiga el contenido de un biberón y sea el padre quien lo caliente y se lo dé al bebé.

✔ Aprende a delegar. Es una de las estrategias que más te pueden ayudar en estos momentos. Debes delimitar muy bien cuáles son las cosas que solo puedes hacer tú e intentar que otras personas se encarguen del resto. Recurrir a los congelados, permitir que algún familiar se quede con el niño mientras tú das un paseo, hacer la compra por Internet y que te la traigan a casa...

✔ Manejar el concepto de flexibilidad. Las planificaciones estrictas no son la mejor opción en este momento. Hay que aprender a "fluir" según se vaya presentando el día: no pasa nada porque estés en camisón hasta la una de la tarde o que tus horarios de comida dejen de ser estrictos.

Mamás (y también, papás): atención a la depresión posparto

Según un estudio llevado a cabo por expertos del Centro de Investigación Pediátrica de la Escuela de Medicina de Vir-

ginia Oriental, en Norfolk, casi tantos hombres como mujeres sufren depresión post parto. Si bien los expertos reconocen que en el caso de los hombres no hay un componente
hormonal que explique estos sentimientos, sí que son susceptibles, al igual que sus parejas, a los intensos cambios de vida
que conlleva tener un bebé. Para el estudio, los padres com-
pletaron cuestionarios y fueron entrevistados para determinar si mostraban síntomas de depresión. Los investigadores
también evaluaron las interacciones entre padres y bebés,
como leer, contarles historias y cantar canciones, actividades
que se consideran importantes para un desarrollo infantil
positivo, llegando a la conclusión de que los papás con mayores niveles de depresión interactuaban menos con sus hijos.
El estudio también encontró relación entre la depresión posparto materna y paterna: los hombres cuyas parejas están
afectadas tienen un riesgo significativamente más alto de
experimentarla. Sin embargo, normalmente los psiquiatras
no están pendientes de la depresión posparto en hombres, de
ahí que aún haya pocas evidencias científicas sobre ella.

54
Actitudes en las que no se debe caer

**Con tal de dormir un poco más o en la desesperación
porque el niño concilie el sueño, muchos padres come-
ten sin darse cuenta errores o adoptan actitudes que, en
la práctica, lo único que pueden hacer es agravar aún
más el problema.**

Qué dice el experto

"Si usted se mete en la cama rabiando y pensando en la injusticia que le ha tocado vivir, aguantar a un niño que no duerme, entonces es muy improbable que se encuentre en un estado lo suficientemente tranquilo y relajado como para dormir. En ese momento, los padres que reaccionan de una forma más pacífica y sosegada tienen más probabilidades de conciliar el sueño más fácilmente."

Dr. David Haslam, profesor asociado de Pediatría y Microbiología Molecular en la Universidad de Washington.

✔ **La falta de constancia.** Muchos padres ponen en práctica con toda su buena intención algunos de los métodos empleados para regular el sueño infantil y al no obtener resultados inmediatos, abandonan a los pocos días. Cualquier estrategia de este tipo requiere altas dosis de planificación, constancia y, sobre todo, mucha paciencia.

✔ **No trabajar "en equipo".** Es fundamental que tanto los padres entre ellos como todas las personas implicadas en el cuidado del niño tengan claras las pautas que se van a aplicar y el plan a seguir para regular sus patrones de sueño. En este sentido, hay que ir "todos a una" y cualquier "deserción" puede dar al traste con semanas de logros.

✔ **Poca coherencia horaria.** Es importante que los padres se mantengan más o menos rígidos en cuanto a la hora en la que se deben acostar sus hijos. Decirles habitualmente que pueden quedarse levantados hasta tarde, usar el retraso de la hora de acostarse como recompensa a una buena conducta o "castigarle" con irse a la cama contribuye a enviar al pequeño un mensaje incorrecto.

✔ Ni muy pronto ni muy tarde. Otro error en el que algunos padres incurren es acostar a sus hijos demasiado pronto, ajustando el sueño infantil a sus propios patrones de sueño o a sus necesidades (tiene que levantarse muy pronto).

Muy importante: no culpabilizar al niño

Hay que evitar decirle al niño (aunque aún no esté en edad de entender el significado de las palabras) que es un desconsiderado por no dormir en su cama o, peor aún, que por su culpa, papá y mamá no han podido dormir en toda la noche. Este comportamiento por parte del niño no tiene nada que ver con la mala intención ni con el deseo de fastidiar a sus progenitores. El niño tampoco tiene la culpa de no conseguir a la primera que sus patrones de sueño (que ya hemos visto que son innatos) se adecúen o encajen con las necesidades de los padres. No hay que olvidar que tan solo es un bebé y no puede anticipar el porvenir ni las consecuencias futuras de sus actos (que papá y mamá rindan menos en el trabajo).

Por otro lado, y según algunos expertos, cargar de culpabilidad al niño puede traducirse en una mayor posibilidad de que este padezca pesadillas nocturnas.

55

El "insomnio de los padres": un daño colateral a evitar

Las noches en blanco propiciadas por los problemas del niño para dormir puede tener como "efecto secundario" el insomnio de los padres, ya que la alteración constante de los patrones de sueño habituales puede desembocar a su vez en otros problemas como las dificultades para conciliar el sueño o despertarse de madrugada y no poder volver a dormir.

Qué dice el experto

"A corto plazo, la privación de sueño tiene efectos a nivel cognitivo (dificultad para concentrarse y lapsus de memoria), afectivo (mayor irritabilidad) y físico, ya que la fatiga debilita seriamente el sistema inmune."

Dr. Francisco Segarra, Unidad del Sueño del Instituto Dexeus, de Barcelona.

✔ Cualquier estrategia es válida a la hora de recuperar el sueño perdido. La acumulación de sucesivas noches en blanco puede pasar factura en el organismo de los padres: numerosos estudios han demostrado las serias consecuencias que tiene para la salud el no dormir el número de horas suficiente. Por ejemplo, está demostrado que las alteraciones del ritmo normal de sueño pueden producir entre el 50 y el 80 por ciento de los casos de trastornos psiquiátricos como depresiones, trastornos bipolares o crisis de pánico.

✔ Prescinde del alcohol, la cafeína y el tabaco. Es cierto que las bebidas alcohólicas producen un sueño fácil, pero este es de escasa calidad. La cafeína, por su parte, estimula el cerebro e interfiere con el sueño, al igual que el exceso de nicotina, cuya acción estimulante sobre el cerebro dificulta el buen dormir.

✔ Aunque sea solo para una siesta, crea el entorno adecuado. Independientemente del tiempo de que se disponga, es preferible acostarse en la cama que hacerlo, por ejemplo, en un sofá, para asegurarse así que el sueño, aunque breve, resulte reparador. Dormirse delante del televisor es una práctica contraproducente, ya que mantiene activados los sistemas de alerta e impide que el sueño sea profundo. También es importante, durante estas "siestas" diurnas, desconectar todos los teléfonos o cualquier otro instrumento que pueda alterar el descanso.

✔ Esconde el reloj. Hay estudios que demuestran que el simple hecho de estar pendiente del reloj puede alterar los patrones de sueño. Es una de las primeras cosas que se suelen hacer cuando uno se levanta por la noche y, en este estado de semiincosciencia, el registrar la hora que es propicia que la mente se ponga en funcionamiento cuando debería estar descansando. Lo mejor es colocarlo en un lugar alejado de la cama, darle de comer al niño y volver a dormir.

A vueltas con los somníferos

Teniendo en cuenta que en muchos países los somníferos e hipnóticos encabezan el ranking de medicamentos más

179

vendidos y considerando el poder adictivo y los efectos secundarios tradicionalmente atribuidos a estos medicamentos, la industria farmacéutica ha centrado sus esfuerzos en conseguir una nueva generación de fármacos eficaces en el tratamiento de los trastornos del sueño y que, a diferencia de sus predecesores, no son tranquilizantes y ofrecen una buena tolerancia a largo plazo. Sin embargo, y contrariamente a la práctica habitual, este tipo de medicamentos deben consumirse siempre bajo prescripción facultativa, así que si os veis en la necesidad de recurrir a ellos, consultad antes con vuestro médico de cabecera.

Por su parte, los remedios naturales (valeriana, pasiflora, tila, amapola, espino albar, melisa...) siguen siendo una opción efectiva y muy recomendable (sobre todo en aquellos casos en los que la madre está dando el pecho), ya que carecen de interacciones y efectos secundarios.

PARTE V:
LOS PRINCIPALES PROBLEMAS DEL SUEÑO INFANTIL

56
Cómo distinguir una "mala noche" de un problema real de sueño

En la práctica, cuando se trata de niños, no resulta difícil diferenciar entre una mala noche y un problema de sueño como tal: la duración del mismo y las conductas repetitivas de este son su seña de identidad más obvia. Sin embargo, no hay que bajar la guardia, ya que lo que puede empezar como un desvelo puntual, si no es bien gestionado por parte de los padres, puede derivar en uno de esos problemas relacionados con los despertares nocturnos que tan incapacitantes resultan tanto para los padres como para los hijos.

Qué dice el experto

"Si en una noche el niño se despierta 20 veces pero en cambio ni llora ni despierta a sus padres y, por lo demás, se muestra sano y contento, no existe ningún problema. Sin embargo, si solo se despierta una vez, pero cuando lo hace no se tranquiliza a menos que la madre se levante y lo atienda, entonces uno puede pensar, con razón, que se encuentra ante un problema de sueño."

Elizabeth Doodson

Dr. David Haslam, profesor asociado de Pediatría y Microbiología Molecular en la Universidad de Washington y autor del libro *Trastornos del sueño infantil*.

✔ La mayoría de los recién nacidos se despiertan varias veces durante la noche, pero alrededor de los seis meses de edad duermen generalmente sin interrupción hasta el amanecer. El hecho de que se despierten a media noche puede estar motivado por fiebre u enfermedad, hambre, mala digestión, cólico, dentición o, simplemente, deseo de atención por parte de los padres.

✔ Son muchas las investigaciones que han llevado a los expertos a analizar los problemas de sueño frecuentes en los niños con el objetivo de determinar sus causas. Hay resultados para todos los gustos pero tal y como explica el doctor David Haslam en su libro *Trastornos del sueño infantil*: "la conclusión más exacta es que mientras muchos de los problemas son el resultado de la conducta y características personales del niño, otros son consecuencia de la conducta de los padres. Es obvio que poco puede hacerse para cambiar las características congénitas de un niño, aunque sí se puede aprender a afrontar los problemas que conllevan. Sin embargo, cuando la causa principal se sitúa en los padres, hay muchas cosas que estos pueden hacer para mejorar la situación".

✔ La primera pauta para actuar es identificar si el niño padece realmente un problema de sueño y, después, intervenir en cada caso según el tipo de problema en cuestión (pesadilla, sonambulismo, terrores nocturnos…).

✔ Un amplio estudio realizado con niños de dos años y medio señaló que solo el 3,3 por ciento de los que iban a guardería presentaban trastornos del sueño frente al 37 por ciento de niños que estaban en casa. Este dato puede reforzar la idea de hasta qué punto el establecimiento de una rutina más o menos rígida a la hora de dormir puede no solo ayudar a prevenir los principales problemas de sueño sino que es la mejor estrategia para actuar cuando estos manifiesten sus primeros síntomas, evitando así que vayan a más.

Cómo atajar los primeros desvelos

¿Cómo actuar cuando un niño que duerme generalmente bien empieza a despertarse por las noches? Según los expertos, lo más importante es recordar que con toda probabilidad cualquier conducta que solo consiga tranquilizar a los padres de forma inmediata puede ser vivida por el niño como un premio por haberse despertado, lo que le incita a repetirlo sucesivamente. Esto no quiere decir que nunca haya que hacerle caso, cogerle en brazos o sacarle de su habitación, sino que, tal y como explica el doctor David Haslam, de lo que se trata es de reducir al mínimo los paseos nocturnos del niño y hacerlos lo menos interesantes posible: "A un niño que pide agua se le da el vaso y después se le deja solo. Si al vaso de agua le siguen un cuento, una canción o una caricia, que nadie se sorprenda al oírlo pedir más agua justo después de cerrar la puerta de la habitación... y que repita las demandas noche tras noche."

57
Las pesadillas

Las pesadillas se pueden definir como sueños que producen miedo. La mayoría de los niños las padecen y no deben considerarse como síntoma de ninguna alteración. Dejar que el niño se desahogue contando su pesadilla, calmarle y quitarle importancia son la mejor estrategia para plantar cara a esta alteración del sueño tan habitual.

Qué dice el experto

"Las pesadillas suelen producirse durante la segunda mitad de la noche, a menudo en el periodo anterior a que el niño se despierte. Se dan normalmente como parte del proceso de desarrollo a partir de los dos años. Aproximadamente el 50 por ciento de los niños de cinco años tienen pesadillas, aunque estas generalmente van siendo menos frecuentes cuando van cumpliendo años, y suponen una etapa pasajera."

Dr. John Pearce, profesor emérito de Psiquiatría Infantil en la Universidad de Nottingham (Gran Bretaña).

✔ Casi la mitad de los niños tienen pesadillas en algún momento. Estas consisten en la vivencia durante el sueño de algún hecho real o imaginario. Se consideran un episodio totalmente normal que no suele tener ningún tipo de repercusión en el desarrollo infantil.

✔ Se sabe que son más frecuentes en los niños ansiosos o que están sometidos a alguna situación estresante. También pueden estar producidas por alguna vivencia traumática, como resultado de alguna imagen o película que le haya producido miedo o ansiedad o como efecto secundario de alguna medicación.

✔ A diferencia de lo que ocurre en otras alteraciones del sueño, el niño que ha tenido una pesadilla es perfectamente capaz de relatar el contenido del sueño y por qué este le produjo tanto miedo o desasosiego.

✔ Si el niño se despierta por la noche a causa de una pesadilla hay que acudir a su habitación y calmarle, asegurándo-

185

le que todo está bien y que lo que soñó no es real. Los expertos aconsejan decirle frases del tipo: "Es como una película que ha pasado en tu cabeza, pero no tiene nada que ver con la realidad".

✔ Las rutinas previas a dormir cargadas de estímulos positivos y relajantes (un cuento, una canción divertida) pueden ser efectivas tanto para prevenir nuevas pesadillas como para evitar que el niño se obsesione y relacione el hecho de dormir con experimentar el mismo sueño negativo.

✔ En caso de que el protagonista de la pesadilla del niño sea recurrente (un monstruo, por ejemplo), funciona bien la estrategia de "desactivarlo" durante el día, para que así el niño cambie la perspectiva. Por ejemplo, se puede hacer que lo dibuje y, después, mancharlo con pegotes de pintura; o también hacerle imaginar una historia en la que él es el protagonista y consigue que el monstruo desaparezca por un agujero profundo...

✔ Si no se trata de una noche aislada sino que las pesadillas se repiten en un corto periodo de tiempo, habría que analizar qué es lo que las está produciendo: si el niño tiene algún problema en el colegio, si acaba de llegar un hermanito a casa, si el niño se muestra preocupado por algún aspecto en particular...

✔ En caso de que las pesadillas se repitan de forma constante y continuada y perturben el sueño del niño hasta el punto de afectar a su rendimiento durante el día, hay que consultar al pediatra.

¿Por qué se producen?

Son muchas las teorías acerca del origen de las pesadillas. Tal y como explica el doctor David Haslam en su libro *Trastornos del sueño infantil*, es difícil saber por qué los niños tienen pesadillas y hay interpretaciones para todos los gustos. "Hay expertos que opinan que se trata de niños con un nivel intelectual superior a la media. Según algunos pediatras, los resfriados y las obstrucciones nasales pueden ser los desencadenantes de pesadillas, sobre todo cuando aparecen imágenes de asfixia, ahogos…"

Una curiosa investigación al respecto en la que se estudiaron los sueños de miles de niños encontró que el 25 por ciento de todos estos sueños eran pesadillas y que en casi todas ellas lo que producía terror a los niños era la imagen de un anciano. También se descubrió que hasta los 6 años muchos niños confundían el sueño con la realidad, de forma que si, por ejemplo, soñaban con un juguete, al despertarse empezaban a buscarlo por toda la habitación.

58
Los despertares nocturnos

Que el niño se despierte a media noche es algo normal, debido, por un lado, a la falta de "rodaje" que muchos de ellos aún presentan respecto a la adopción de los patrones de sueño y, por otro, porque, a diferencia de lo que ocurre en los adulto, no siempre la transición entre una fase y otra del sueño la hacen de forma continua.

Qué dice el experto

"Es normal despertarse durante la noche. De hecho, los adultos también lo hacen. Todos dormimos siguiendo unos ciclos, empezando por uno de sueño ligero, seguido de otro de sueño profundo y después otro de sueño ligero, etc. La cantidad de tiempo que dura cada ciclo depende de la edad. Los niños en edad preescolar pasan de uno a otro ciclo en aproximadamente una hora, y es frecuente que en el intervalo de uno a otro se despierten."

Dr. John Pearce, profesor emérito de Psiquiatría Infantil en la Universidad de Nottingham (Gran Bretaña).

✔ Hay que saber gestionar muy bien los despertares nocturnos de los niños, ya que el gran "peligro" que tienen estos (totalmente normales desde el punto de vista fisiológico) es que el bebé los "institucionalice" como una forma de llamar la atención de los padres.

✔ Tal y como explica el doctor John Pearce, autor de uno de los métodos más exitosos para conseguir que los niños duerman durante toda la noche, "muchos niños descubren que pueden tener el control de la situación mediante el llanto nocturno. Si este llanto no tiene una causa razonable, lo mejor es no responder a sus demandas; se trata de una forma de transmitir al pequeño el mensaje de que son los padres, y no él, los que tienen el control de la situación".

✔ La medida más lógica a adoptar cuando el bebé se despierte llorando por la noche es acudir a su cuna para comprobar que todo se encuentra en orden: pañal, temperatura

de la habitación, ruido... Para calmarle, suele bastar acariciarle ligeramente su espalda y tripita y dejarle solo, preferiblemente sin encender la luz.

✔ Si sigue llorando, se puede volver a repetir la visita a su
cuarto, en las mismas condiciones, pero esta vez más
breve.

✔ Es importante motivarle a que se vuelva a dormir, con
palabras que le inciten al sueño y al descanso: "Mira que
calentito estás aquí, con el frío que hace fuera".

✔ De todas formas, y como en todo lo que concierne al
sueño infantil, la forma más efectiva de evitar los despertares nocturnos frecuentes es establecer una rutina estable
y contante a la hora de irse a la cama.

Trucos para entretener a un madrugador

Con frecuencia los niños se despiertan antes de los padres,
especialmente los fines de semana. Muchos de ellos son
madrugadores natos, algo que viene determinado por su ciclo
de sueño. El periodo comprendido entre las 5 y las 6 de la
mañana suele ser el más propicio para que estos pequeños
decidan "iniciar su jornada". Estas son algunas estrategias
para evitarlo:

✔ Si ya tienen edad suficiente, darle un despertador (puede
ser "como el de papá y mamá" o uno de los muchos
juguetes despertadores que hay en el mercado).

✔ Si aún así es inevitable que se despierte, pactar con él una
estrategia de "despertar silencioso", basada en juegos y
actividades que puede hacer sin salir de su habitación ni
despertar a los padres.

189

✔ Reforzar la habitación de cara a evitar en la medida de lo posible la luminosidad del amanecer (por ejemplo, poniendo cortinas que no dejen pasar la luz de las ventanas).

✔ Dejarle en la mesilla de noche una especie de mini-desayuno (galletas, cereales...) para que se entretenga mientras los padres se despiertan.

✔ Y si opta por echar una mini siesta mañanera en vuestra cama, valorad la posibilidad de hacer la vista gorda: es un rato más de sueño para todos.

59
Los terrores nocturnos

Cuando el niño se despierta bruscamente, gritando de forma desaforada y con un sufrimiento evidente y no recuerda lo soñado ni reconoce a sus padres, se trata de un caso claro de terrores nocturnos. Contrariamente a lo que ocurre con las pesadillas, calmarle sirve de poco, pero hay otras estrategias efectivas para plantarles cara.

Qué dice el experto

"Muchos padres confunden las pesadillas con los terrores nocturnos cuando en realidad son cosas muy distintas. Un niño con terrores nocturnos se incorporará bruscamente, y erguido en su lecho gritará con los ojos abiertos y las pupilas dilatadas dando muestras de agitación y pánico."

Dr. David Haslam, profesor asociado de Pediatría y Microbiología Molecular en la Universidad de Washington y autor del libro *Trastornos del sueño infantil.*

✔ A diferencia de las pesadillas, los terrores nocturnos se producen en la primera mitad del sueño nocturno. El niño, aparentemente despierto (tiene los ojos abiertos) no reconoce a sus padres y se encuentra desorientado. A menudo está pálido, tiene un sudor frío, es incapaz de contactar con la realidad y presenta un pulso acelerado y respira rápidamente.

✔ A veces, mientras se encuentra en este estado, el niño sorprende a los padres realizando movimientos bruscos con el cuerpo. También es frecuente que, además de chillar y gritar, confunda con elementos atemorizantes a objetos de su habitación o a las personas que se le acercan.

✔ Esta situación se mantiene durante aproximadamente un par de minutos, aunque en algunas ocasiones este estado puede llegar a los 20 minutos.

✔ Una de las características típicas de los terrores nocturnos es que el niño no recuerda absolutamente nada a la mañana siguiente: ni su despertar, ni la causa de su sobresalto, ni siquiera las palabras de sus padres.

✔ La mejor forma de actuar en el caso de los terrores nocturnos es permanecer al lado del niño abrazándole y esperando hasta que, por sí mismo, vuelva a acostarse y reanude su sueño. Es inútil intentar despertarle (de hecho, en ocasiones, puede resultar contraproducente).

✔ Una estrategia que funciona bastante bien consiste en despertar al niño unos minutos antes de la hora en la que suelen producirse los terrores nocturnos, mantenerlo despierto y fuera de la cama durante unos cinco minutos, repitiendo esta rutina a lo largo de siete noches consecutivas.

✔ Respecto a las causas, al igual que ocurre con otras alteraciones del sueño infantil, se barajan varias hipótesis. La más defendida es que están producidos principalmente por el cansancio y la falta de sueño. El estrés también puede aumentar la frecuencia de las crisis. Hay evidencias de que se trata de un trastorno hereditario.

✔ Afecta a niños situados en un amplio intervalo de edad: entre los 12 meses y los 8 años. Es muy raro que se presenten después de los 10-12 años.

✔ Afortunadamente, estos episodios tienden a desaparecer con el tiempo, no tienen mayor importancia, no dejan ningún tipo de secuela psicológica ni física en el niño y tampoco son sintomáticos de ningún otro problema de salud.

Terrores y sonambulismo: hay relación

Ambas alteraciones del sueño están muy relacionadas entre sí. Las dos aparecen durante la primera fase del sueño y tienen un componente hereditario importante. Además, tanto en uno como en otro, el niño realiza una serie de actos estando profundamente dormido. Una curiosa investigación realizada con gemelos reveló que si un miembro del par de gemelos univitelinos presenta uno de estos trastornos, el otro miembro tiene una probabilidad seis veces mayor de presentarlo él también que si los gemelos son bivitelinos. También

se ha demostrado que el 80 por ciento de los niños sonámbulos y el 96 por ciento de los que padecen terrores nocturnos tienen familiares en primer, segundo o tercer grado que
también sufren uno o ambos trastornos.

60
El miedo a la oscuridad

**Durante sus primeros años de vida el niño aún no está en
condiciones de distinguir la fantasía de la realidad, de ahí
que muchos de los miedos y temores que anidan en su
subconsciente afloren con más facilidad durante la
noche, momento en el que la oscuridad magnifica todas
sus sensaciones y emociones.**

Qué dice el experto
"Los niños que aprenden a lidiar con la oscuridad adquieren una nueva habilidad en su proceso de desarrollo y
mucha confianza y seguridad en sí mismos. Siempre y
cuando se encuentre a salvo en su cama o cuna y no haya
nada en la habitación con lo que pueda hacerse daño, no
pasa nada porque duerma en total oscuridad."
Dr. John Pearce, profesor emérito de Psiquiatría Infantil en la
Universidad de Nottingham (Gran Bretaña).

✔ Por la noche, la oscuridad y el silencio favorecen que
emerjan sensaciones como la angustia, el temor, las preo-
cupaciones, las dudas… A esto hay que unir que, según

los psicólogos, durante los primeros años de vida los niños tienden a creer que todo lo que tienen alrededor, ya sean personas u objetos, pueden hablar, pensar o caminar, de ahí que, con la oscuridad como aliada, su imaginación le juegue a menudo malas pasadas dando lugar a los miedos asociados a la noche.

✔ A partir del primer año de edad, la oscuridad y las sombras son la causa más frecuente de miedo que, en muchos casos, se mantiene durante el resto de la vida. Según los resultados de algunas investigaciones, se estima que en torno a los cuatro años, tres de cada cuatro niños ha padecido el miedo a la oscuridad.

✔ Aunque es lo primero que el instinto paternal empuja a hacer en estos casos, los expertos aconsejan no decir al niño frases del tipo: "Pero qué estás diciendo; ¿no ves que ahí no hay nada?". No hay que olvidar que el objeto del miedo puede no ser real ni tangible, pero la sensación de temor sí lo es.

✔ Es importante mostrarle toda la comprensión y el cariño posible pero sin caer en "alimentar" la trascendencia del episodio con frases del tipo: "Pobrecito, ¿te ha asustado mucho el monstruo?".

✔ Si el niño ya tiene edad para comprenderlo, explicarle que a veces nuestro cuerpo produce sensaciones que no tienen nada que ver con la realidad, al igual que ocurre con las películas de la televisión.

✔ Es importante mantener en todo momento la regularidad de los horarios de sueño, y no modificar ninguno de los rituales que preceden el momento en el que el niño se va

a dormir. El ver que todo se mantiene según lo establecido proporciona al niño mucha seguridad.

✔ Un truco que suele funcionar: para que el niño se sienta a
gusto y seguro en la oscuridad, hay que jugar con él a ima-
ginarse que su cama o cuna es un barco, en el que está a
salvo de absolutamente todos los peligros que le puedan
ocurrir en la "inmensidad de mar oscuro" en el que se convierte su habitación por la noche.

Otros temores frecuentes

✔ Animales y ruidos de la casa. A partir de los dos años es
frecuente el miedo a las arañas y a otros insectos y también a algunos ruidos típicos del hogar como la calefac-
ción o las cañerías.

✔ Ladrones y desconocidos. Estos dos tipos de personajes
protagonizan los temores de muchos niños a partir de los
cuatro años.

✔ Muerte, accidentes, enfermedades. En torno a los 5 años,
los miedos de los niños empiezan a ajustarse más a la realidad y se centran principalmente en estos acontecimien-
tos vitales.

✔ Experiencias vividas. Algunos miedos se derivan de ciertos hechos experimentados por los niños, como puede ser
el haber sido mordido por un perro o quedarse encerrado
en una habitación oscura.

61
El sonambulismo

Se entiende por sonambulismo el trastorno por el que el niño se despierta de forma parcial (no total) durante la noche. Si tiene la edad adecuada, el sonámbulo puede caminar o hacer otro tipo de cosas sin que a la mañana siguiente se acuerde de ello en absoluto. Aproximadamente el 15 por ciento de los niños han sido sonámbulos alguna vez, aunque es muy raro que esto ocurra antes de los 5 años.

Qué dice el experto

"El sonambulismo se trata de la repetición automática de conductas aprendidas durante el día, pero estando profundamente dormido, lo que explica que el sonámbulo actúe de una forma torpe e incongruente. Es una alteración benigna y, sobre todo, no es tan peligroso como suele creerse. Un sonámbulo nunca se tira por la ventana, en todo caso se confunde y sale por la ventana creyendo que es una puerta. Por ello, si vuestro hijo lo es, deberéis adoptar medidas de seguridad para evitar cualquier accidente fortuito."

Dr. Eduard Estivill, director de la Clínica del Sueño Estivill, en Barcelona (España).

✔ La principal característica del sonambulismo, y que lo diferencia de otras alteraciones del sueño, es el peculiar comportamiento que manifiesta el niño: se sienta en la cama y repite ciertos movimientos tales como frotarse los ojos o jugar con su ropa.

✔ Suele tener más prevalencia entre los 6 y los 12 años, y es más frecuente en niños que en niñas. Según las investigaciones realizadas al respecto, el sonambulismo puede tener un componente hereditario. También está demostrado que la mayoría de los niños que son sonámbulos no tienen problemas emocionales.

✔ Es capaz de salirse de la cuna o cama y, si ya tiene edad para ello, caminar por la habitación, aunque sus movimientos son poco coordinados.

✔ La duración del episodio de sonambulismo puede ser breve (unos minutos) o durar 30 minutos o más.

✔ Si se le habla, el niño no contesta y es que, aunque tenga los ojos abiertos, realmente está durmiendo.

✔ La mejor forma de tratar a un niño sonámbulo es guiarle suavemente de nuevo hasta la cama. No hay que gritar ni hacer ningún ruido que pueda despertarlo y tampoco sacudirlo y mucho menos regañarle.

✔ Muchos especialista recomiendan llevar una especie de "diario del sueño" para registrar de forma precisa las veces que el niño camina dormido.

✔ Algunos expertos recomiendan, una vez registradas las pautas de actuación del sonámbulo, despertar al niño aproximadamente 15 minutos antes de la hora en la que suele iniciarse el episodio de sonambulismo.

✔ También es importante eliminar del recorrido que el niño suele hacer cuando camina en sueños cualquier objeto o mueble con el que pueda hacerse daño.

✔ Debes consultar al médico si el niño, además de sonambulismo, presenta otros síntomas; si es muy frecuente o
persistente o si el niño realiza actividades peligrosas
durante los episodios de sonambulismo.

✔ En casos extremos se puede recurrir a algunos medicamentos recomendados para tratar el sonambulismo.

El electroencefalograma es la pista

Las investigaciones sobre esta alteración del sueño han
demostrado que el sonámbulo está dormido pero no sueña,
y el registro del electroencefalograma realizado a muchos de
ellos muestran que los episodios de sonambulismo se dan en
el periodo de transición de las fases del sueño ligero. También en estos registros electroencefalográficos se aprecia la
aparición de ondas de frecuencia lenta antes de iniciarse un
episodio de sonambulismo. Para algunos expertos, esto
podría estar motivado por una ligera inmadurez del sistema
nervioso central. De todas formas, en todos los casos se trata
de una irregularidad que normalmente desaparece en la vida
adulta.

62
La enuresis

Por regla general, los niños suelen estar listos para
aguantar la orina y no mojar la cama por la noche entre
los 18 y los 24 meses. Sin embargo, algunos tardan más
tiempo en controlar la vejiga, por lo que pueden llegar a

mojar la cama hasta pasados los 5 años. Si esta inconti-
nencia urinaria nocturna se produce más de dos veces
por semana, el niño padece lo que se conoce como enuresis nocturna.

Qué dice el experto

"La enuresis afecta a los niños sanos, ya que no es una
enfermedad. Se trata de un síntoma muy común que afecta a uno de cada 6-7 niños sanos. Es más frecuente en los
niños que en las niñas, existiendo casi siempre (en el 85
por ciento de los casos) antecedentes de enuresis nocturna en uno de los padres o en algún miembro de la familia
cercana."

Dr. Juan Casado, Jefe de la Unidad de Cuidados Intensivos del
Hospital Universitario Niño Jesús, de Madrid.

✔ Son muchas las causas que se han barajado para explicar
por qué hay niños que mojan la cama a una edad en la que
lo normal es haber desarrollado ya la capacidad de controlar la orina nocturna. El tamaño de la vejiga es una de ellas
y también el hecho de que el niño tenga un sueño tan profundo que no se percate de la necesidad de orinar.

✔ La enuresis también podría explicarse porque algunos
niños producen más orina que otros mientras duermen.
Otra de las causas que se han relacionado con mojar la
cama es la vivencia por parte del niño de alguna situación
que le resulte estresante: la llegada de un hermanito es el
ejemplo más típico.

✔ Para prevenir la enuresis, hay que evitar que el niño tome muchos líquidos después de la merienda. Antes de dormir debería beber como mucho un vaso de agua.

✔ Es muy importante no regañarle ni mucho menos castigarle cuando moje la cama. Es algo que él no hace a propósito, así que crearle un sentimiento de culpa tan solo agravaría el problema.

✔ Tampoco resulta aconsejable despertarle a media noche para que orine, ya que esta medida ha demostrado no ser efectiva.

✔ La mayoría de los niños superan la enuresis sin necesidad de someterse a ningún tratamiento, pero para los casos en los que esto no es posible, existen fármacos (antidiuréticos y antidepresivos) que, siempre bajo la pauta y la supervisión del médico, pueden resultar efectivos para solucionar el problema.

Cómo hacérselo entender al niño

Es muy normal que si el niño se orina en la cama tenga sentimientos de culpabilidad y vergüenza. Es muy importante hablar con él y hacerle saber que el hecho de mojar la cama no es culpa suya. Un argumento que suele resultar muy convincente y tranquilizador es explicarle que no se sabe la causa exacta de su problema, con frases del tipo: "A mí también me pasaba de pequeño", recordándole en todo momento que no se trata de algo serio. También, y para desdramatizar el tema, hay que comentarle que no es el único niño al que le ocurre esto, aunque los otros no lo cuenten.

Todos los expertos en el tema resaltan la importancia de motivar y premiar al niño la mañana en la que se despierta seco, celebrándolo con alabanzas e incluso con pequeños regalos.

Otra estrategia que funciona muy bien es elaborar con él un calendario mensual para que rellene con un color vistoso y alegre los días en los que amanece sin haber mojado la cama.

63
El bruxismo o rechinar de dientes

Cuando el niño aprieta los dientes (sujeta fuertemente los superiores y los inferiores) o los hace rechinar (los desliza o frota de atrás hacia adelante, uno sobre otro), se dice que padece bruxismo. Aunque también puede aparecer durante el día, esta alteración es más frecuente cuando el niño está durmiendo.

Qué dice el experto

"En los niños con bruxismo solo hay que actuar si la contractura es tan importante que provoca daños en los dientes. Para evitarlo, se debe pedir al dentista que le haga una prótesis dentaria y colocársela al niño cada noche. Si no es el caso, no hace falta hacer nada: a medida que crezca, el bruxismo desaparecerá."

Dr. Eduard Estivill, director de la Clínica del Sueño Estivill, en Barcelona.

✔ Se estima que la mayoría de los niños sufre algún episodio de bruxismo en su primera década de vida, sobre todo entre los 4 y 6 años, y hasta que aparecen los dientes y molares definitivos.

✔ En los niños que padecen rechinar de dientes se produce una contracción forzada de los músculos que intervienen en la masticación. Ello hace que emitan un ruido característico mientras duermen.

✔ Cuando se da en niños, por regla general el bruxismo no se considera patológico sino que se interpreta como una forma natural de desarrollo de la dentición y un estímulo del desarrollo muscular y óseo de los huesos de la cara. Suele remitir de forma espontánea.

✔ Generalmente, aparece durante las fases I o II del sueño y puede ir precedido de movimientos corporales y un aumento del ritmo cardiaco.

✔ Aunque aún se siguen realizando investigaciones al respecto, dos parecen ser las causas principales del bruxismo: el estrés emocional y la mala oclusión dental. En el caso de los niños, se ha apuntado a otros factores causales, como las alergias, deficiencias nutricionales, los miedos y una postura incorrecta a la hora de dormir.

✔ En caso de que el bruxismo no remita, puede llegar a ser perjudicial para el correcto desarrollo de dientes y encías: desgaste de los dientes implicados, deterioro dental...

✔ Es frecuente que los padres desconozcan que su hijo padece bruxismo y sea el pediatra o el dentista quien lo diagnostique como consecuencia del estado de desgaste en el que se encuentran los dientes.

✔ El tratamiento consiste en actuar sobre los factores implicados en la aparición del bruxismo. Por ejemplo, si está provocado por el estrés o una alteración anímica, se le puede someter a técnicas de relajación muscular. También es importante evitar que haga ejercicio físico intenso antes de irse a dormir. Los baños calientes a última hora de la tarde pueden tener un estupendo efecto relajante en estas situaciones.

¿Habla en sueños? No es grave

Algunos niños padecen somniloquia, esto es, hablan, ríen, lloran o incluso gritan en sueños. Se trata de una alteración del sueño que no tiene mayor importancia ni es indicativa de otro problema más serio. Puede estar asociada a episodios de sonambulismo y cuando se produce de forma aislada normalmente se relaciona con las fases de sueño profundo.

El niño que padece somniloquia dice palabras sueltas, inconexas, a menudo ininteligibles e integradas en frases muy cortas, por lo que es inútil intentar entablar una conversación con él. A la mañana siguiente, si se le pregunta, no tiene ningún recuerdo del episodio ni de las palabras pronunciadas.

64
Problemas del sueño cuando el niño comienza a ir a la guardería

Muchos padres se quejan de que durante las primeras semanas en guardería los patrones de sueño del niño parecen trastocarse. Otros, en cambio, se agobian porque, mientras la profesora les comenta que el niño se

ajusta a la perfección a los hábitos de sueño (siestas) en clase, en casa no hay quien lo acueste, y se preguntan qué es lo que están haciendo mal. No hay que dramatizar: la guardería marca un hito en la vida infantil y, como tal, puede repercutir en el sueño.

Qué dice el experto

"A medida que se aproxime el momento de volver a clase o iniciar la guardería es bueno empezar a preparar al niño para realizar tareas caseras y cotidianas que le ayudarán a la hora de adaptarse a la rutina escolar: normas más rígidas a la hora de acostarse, imponer momentos de tranquilidad para la lectura y los juegos, que más adelante se podrán dedicar a los deberes escolares, pequeños encargos que cumplir en casa..."

Reynold Bean, psicólogo especializado en educación infantil y autor del libro *Cómo ayudar a sus hijos en el colegio*.

✔ Todo lo que suponga novedad en la vida del niño y la introducción de nuevos estímulos puede producir alteraciones puntuales del sueño. Es algo totalmente normal que durante sus primeras jornadas de guardería el niño se despierte alguna noche o le cueste más dormirse.

✔ Sin embargo, es muy importante no cambiar el ritual de sueño establecido: necesita seguir teniendo pautas y normas según las que regirse para sentirse seguro en este momento de cambios.

✔ Los niños en edad preescolar necesitan aproximadamente de 10 a 12 horas diarias de sueño. Si duerme estas por la noche, no es necesario que haga siestas durante el día.

✔ No hay por tanto que obsesionarse si el niño no duerme durante el tiempo estipulado de siesta en la guardería o colegio (la mayoría de estos centros disponen de colchonetas a tal fin). Se trata de periodos que pueden servirle de reposo sin que necesariamente tenga que dormir.

✔ Otra de las razones por la que muchos niños empiezan a dormir mal en cuanto comienzan a ir a la guardería es la mayor propensión a enfermarse, algo habitual en todos los niños. Tal y como ha demostrado un estudio reciente publicado en la revista *Archives of Pediatrics & Adolescent Medicine*, los niños muy pequeños que asisten a guarderías que acogen un número elevado de alumnos contraen más infecciones respiratorias y de oído durante la etapa preescolar. Estas dolencias afectan directamente a los patrones de sueño infantil. La buena noticia es que, según el mismo estudio, cuando estos niños crecen y alcanzan la edad escolar, son mucho menos proclives a contraer estas infecciones que aquellos que no pasaron por el "entrenamiento inmunológico" de la guardería.

Si duerme bien, aprende más

Que el niño rinda más y en mejores condiciones en la guardería depende en gran medida de que duerma lo suficiente. Esto se desprende de una reciente investigación llevada a cabo por expertos de la Universidad de York, en Inglaterra, en la cual, un grupo de psicólogos comprobó que los periodos de sueño profundo potenciaban la capacidad de la memoria para recordar nuevas palabras. Esta investigación demuestra la importancia de que el niño disfrute de unos patrones de sueño lo suficientemente reparadores no solo para descansar sino también para fijar en la mente todo ese "torrente" de conocimientos que está aprendiendo en la guardería.

65
Televisión, videojuegos y demás: así afectan al sueño infantil

Se estima que un 63 por ciento de los padres de niños entre 2 y 6 años usa la televisión a modo de "somnífero" para inducir el sueño en sus hijos, una medida absolutamente desaconsejada y contraproducente de cara tanto a establecer una rutina de sueño como para evitar posibles alteraciones del sueño infantil.

Qué dice el experto

"Los niños que siguen viendo la televisión, usando los teléfonos móviles o jugando con el ordenador después de haberse supuestamente acostado a dormir tienen más probabilidades de sufrir trastornos del sueño que, a su vez, dan lugar a otras dificultades. Este tipo de actividades no promueven el sueño, algo que sí hace leer un libro o escuchar música. Está comprobado que estimulan el cerebro y afectan a los ciclos normales del sueño."

Dr. Peter G. Polos, especialista del Centro de Trastornos del Sueño del Centro Médico JFK de Edison, Nueva Jersey (EE.UU.).

✔ Según investigaciones recientemente llevadas a cabo con el objetivo de analizar la incidencia de las nuevas tecnologías en el sueño infantil, el 11,2 por ciento de los niños entre 3 y 5 años utiliza habitualmente el ordenador, y la mayoría de ellos juegan con videojuegos antes de dormirse.

✔ Las investigaciones también han revelado que solo una de cada 10 madres canta una nana a sus hijos antes de dormir, y tan solo uno de cada 12 padres les cuenta un cuento. Todo apunta a que estos nuevos medios tecnológicos están haciendo las veces de "niñeras electrónicas", con consecuencias tanto para los patrones de sueño como para los niveles de desarrollo de los niños.

✔ En este sentido, un estudio realizado por expertos del Centro de Trastornos del Sueño del Centro Médico JFK de Edison, Nueva Jersey (EE.UU.) ha encontrado correlación entre el uso de medios electrónicos a última hora de la tarde y por la noche con problemas de conducta en los niños como el trastorno de déficit de atención con hiperactividad, alteraciones del estado de ánimo, ansiedad, depresión y el mal funcionamiento cognitivo (en las habilidades de pensamiento) durante el día.

✔ De todas estas investigaciones se desprende una idea muy clara: en la habitación del niño no debería haber televisión, ordenador ni, en niños de cierta edad, teléfono móvil operativo a partir de determinada hora.

✔ Este tipo de actividades deben integrarse en la jornada diaria del niño, dando paso, por la noche, a otras más relajantes, como la música y la lectura.

✔ En el caso de la televisión, por muy inocente e inocuo que

sea el programa que vea el niño antes de acostarse, hay
que tener en cuenta que muchas imágenes quedan graba-
das en su memoria y adquieren una importancia y magni-
tud distinta durante la noche (muchos niños han pasado

la noche en vela angustiados por la escena en la que muere el padre de Simba, el protagonista de *El Rey León*).

Adolescentes: riesgo máximo

Son muchas las investigaciones publicadas en los últimos tiempos acerca de las repercusiones que el uso y abuso de las consolas y los videojuegos por un lado y las redes sociales por otro pueden tener en la salud infantil-juvenil en general y en sus hábitos de sueño en particular. Una de las más recientes ha demostrado que el hecho de quedarse despiertos hasta tarde para jugar a videojuegos, navegar por internet y enviar mensajes de texto podría desembocar en problemas de aprendizaje y alteraciones del estado de ánimo. Otro estudio realizado por el Instituto de Investigación Infantil de Seattle, en EE.UU., constató que dos tercios de los preescolares estadounidenses pasan más del máximo de dos horas al día recomendado por la Academia Americana de Pediatría frente a una pantalla de televisión, ordenador, videojuegos y DVD.

66
Cuándo consultar al pediatra

Afortunadamente, la gran mayoría de las veces las alteraciones del sueño infantil son pasajeras y no hay ninguna causa grave que subyazca a ellas. Sin embargo en determinadas situaciones, sobre todo cuando la actitud del niño contrasta abiertamente con sus patrones de sueño habituales o si los problemas de sueño van acompañados

Elizabeth Doodson

de otros síntomas, es fundamental la visita a la consulta del pediatra.

Qué dice el experto

"No siempre los despertares nocturnos y otras alteraciones del sueño están producidas por reticencias del niño a dormir o situaciones puntuales, sino que en ocasiones puede ocurrir que estos problemas estén causados por alguna dolencia no diagnosticada, de ahí la importancia de poner al niño en manos del especialista."
Dra. Polly Moore, directora del Centro de Investigación del Sueño, de California.

Si el niño presenta alguno de los siguientes síntomas, debes contactar inmediatamente con el pediatra:

✔ Seis o siete despertares durante la noche después de haber cumplido un año de edad. Una vez que ha cumplido el año, y salvo ocasiones puntuales (si está enfermo, por ejemplo) no es habitual que el niño se despierte tantas veces durante la noche. Si se da esta circunstancia es conveniente consultarlo con el pediatra, para que este analice la causa médica que se esconde detrás de estos desvelos.

✔ Padece ahogos mientras duerme, acompañados de jadeos y resoplidos. Es un síntoma de problemas respiratorios relacionados con el sueño. Es frecuente que los niños que presentan estos síntomas también hablen en sueños, algo que no es grave y que suele desaparecer por sí solo en cuanto la causa del problema respiratorio está debidamente tratada.

✔ Ataques frecuentes de sueño acompañados de pérdida de tono muscular. Los ataques de sueños pueden ir acompañados de alteraciones emocionales. El niño puede estar sufriendo convulsiones o, en raras ocasiones, un cuadro de narcolepsia.

✔ En el caso concreto de los terrores nocturnos, se recomienda consultar al especialista en las siguientes ocasiones: si el niño hace algo peligroso durante estos episodios; si babea, tiene movimientos rítmicos, espasmos o rigidez; si los episodios de terrores nocturnos ocurren durante la segunda mitad de la noche (y no durante la primera, que es cuando son más habituales); y si estos episodios se extienden más allá de 30 minutos.

¿Ronca? Vigílalo de cerca

El ronquido es siempre indicativo de que el aire no pasa adecuadamente por las vías respiratorias superiores. Los ronquidos son pausas en las que el niño deja transitoriamente de respirar, lo que puede tener repercusiones en su desarrollo y ser a su vez indicativo de una apnea del sueño, consistente en un cierre completo de la vía aérea superior que obstruye el paso del aire a los pulmones. Aunque por lo general el ronquido suele asociarse a situaciones puntuales de obstrucción nasal como un catarro o una alergia, siempre es conveniente consultar con el pediatra, trasladando la consulta a otros especialistas (otorrino o neumólogo infantil) si el ronquido presenta las siguientes características:

- Ronquido diario, incluso cuando el niño no tiene catarros o alergias.
- Si durante el sueño se aprecia un cambio en la coloración de los labios del niño (morado o azulado).
- Si el ronquido va acompañado de una sudoración intensa.
- Si el niño está generalmente somnoliento durante el día.
- Si los ronquidos se producen con pausa de apnea, esto es, si hay ausencia de respiración durante unos segundos, repetida más de una vez durante la misma noche.

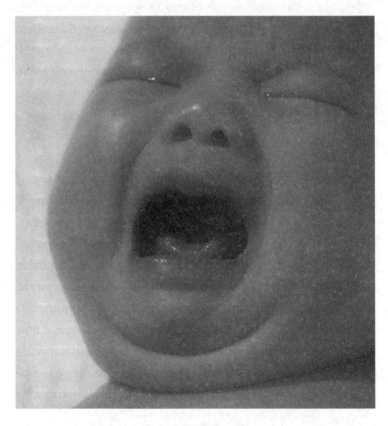

PARTE VI:
LOS MÉTODOS MÁS EFECTIVOS PARA ENSEÑARLE A DORMIR

67
El gran reto: conseguir que duerma solo

La mayoría de los expertos coinciden en afirmar que aproximadamente a los tres meses, cuando el niño empieza a regular sus ritmos de sueño y vigilia, es el momento en que hay que comenzar a "enseñarle a dormir". Y este es el objetivo principal de los numerosos métodos de "educación del sueño", todos ellos con pautas y programas concretos para que los padres los pongan en práctica.

Qué dice el experto

"Si la rutina es la correcta, el pequeño afrontará con alegría el momento de irse a la cuna y encontrará fácil separarse de sus padres; lo más probable es que sus patrones de sueño se vayan pareciendo cada vez más a los vuestros y que en poco tiempo se haya ajustado al ciclo día-noche y duerma de un tirón."

Dr. Eduard Estivill, director de la Clínica del Sueño Estivill, en Barcelona (España) y autor del método para dormir que lleva su nombre.

✔ A dormir también se aprende: este es el mensaje que defienden los distintos métodos destinados a conseguir que el niño (y los padres) duerma toda la noche.

✔ En todos ellos, los especialistas en el tema enseñan a los padres cómo afrontar el gran reto que supone conseguir que los patrones de sueño del niño se vayan asemejando cada vez más a los de la familia y los del ritmo habitual: dormir de noche y estar activo de día.

✔ En los tres primeros meses, el bebé va configurando sus hábitos de sueño hasta conseguir la adquisición de unos patrones normales; pero en ocasiones es necesario ayudarle un poco para que consiga dormir toda la noche, y es aquí donde radica la utilidad de estos métodos.

✔ Sin embargo, hay que tener en cuenta que hay niños que, por su naturaleza, son poco dormilones e independientemente de los métodos y estrategias que pongan en marcha sus padres, una vez que hayan dormido las horas que su organismo necesita, irremediablemente se despertarán.

✔ En estos casos, lo primero que hay que hacer es asegurarse de que esto es realmente así, es decir, que con las horas que duerme está en buenas condiciones durante el día, contento, sin mal humor, come bien y llega al final de la jornada con buen ánimo y feliz. Si es así, no hay que hacer nada. Pero si este no es el caso, significa que el niño no duerme lo suficiente y entonces hay que enseñarle a dormir.

✔ Al margen de otros aspectos como la cantidad de horas necesarias o la hora en la que debe irse a la cama, los expertos insisten en la necesidad de asegurarle al niño un ambiente lo más armónico posible. Así, el doctor Rafael Pelayo, neuro pediatra y asistente de la Clínica de Trastornos del Sueño de la Universidad de Stanford, señala que "lo deseable es que los niños se acuesten sintiéndose seguros, cómodos y amados. Si no experimentan esta sensación, es comprensible que tengan problemas para dormirse o permanecer dormidos".

✔ Antes de poner en marcha cualquiera de estos métodos los padres han de armarse de grandes dosis de paciencia. Conseguir que el niño adquiera el hábito del sueño es algo que no se logra en un día. Poco a poco, y con tranquilidad, comprobarán cómo el niño va adoptando los patrones correctos de sueño.

Dejarle llorar: ¿sí o no?

Aunque este es un aspecto que suscita controversia, lo cierto es que la mayoría de los expertos recomiendan no acudir al primer llanto del bebé cuando está en la cuna y listo para dormir, ya que actuar de esta forma dificulta mucho la adquisición del hábito. En este sentido, son muchos los que defienden la idea de que es mejor adoptar una actitud rígida y dejarlo llorar un rato. A menudo se comprueba que actuando de esta forma se consigue que el niño se duerma solo, sin depender de que se le coja en brazos ni de la continua presencia de sus padres. Sin embargo, siempre hay que estar atentos a la causa del llanto del bebé: este puede deberse a una razón justificada, como dolor, vómito, deposiciones, y entonces los padres deben atenderle cuanto antes.

68

El método Spock

"Dejarle llorar." Esta es la premisa en la que se basa el método del doctor Benjamin Spock, autor de *Baby and Childcare* (El cuidado de bebés y niños), un clásico en lo que a consejos para educar a los hijos se refiere.

Qué dice el experto

"Estoy convencido de que el bebé solo llora por enojo a esta edad. Ir a ver qué le pasa puede enfurecerlo más todavía y hacer que llore por mucho más tiempo."

Dr. Benjamin Spock

✔ El doctor Spock aconseja poner en práctica este método a partir de los tres meses de edad, cuando los ciclos de sueño y vigilia del niño ya empiezan a regularse.

✔ La forma de iniciar la estrategia es dejar al niño en su cuna, darle las buenas noches y, acto seguido, salir de la habitación.

✔ Para llevar a cabo este método es muy importante que el niño duerma en una habitación diferente a la de los padres. En caso de que esto no sea posible, el especialista recomienda instalar un biombo o cortinilla para separar ambos espacios.

✔ Lo habitual es que la primera noche que no se le hace caso el niño llore durante aproximadamente media hora, hasta caer finalmente rendido. La noche siguiente, la duración del llanto suele ser menor.

✔ Aproximadamente a la semana de haber puesto en práctica el método la mayoría de los niños se han percatado de que no le sirve de nada llorar, de que ese reclamo nocturno no tiene efecto en sus padres y de que, en definitiva, lo que tiene que hacer el dormir.

✔ El especialista afirma que lo más sensato cuando el niño empieza a lloriquear es salir de la habitación y no volver a entrar. Es importante que el bebé no vea a los padres cuando se despierta, ya que esto reforzaría aún más su llanto.

✔ Según el doctor Spock, "este tipo de estrategias funcionan y, aunque al principio el llanto del niño aumente, al cabo de tres o cuatro noches, comienza a quedarse dormido por sí solo".

Otras estrategias que pueden servir

Además de los métodos estructurados, algunos trucos (o "pautas sueltas") pueden funcionar a la hora de conseguir que el niño duerma toda la noche:

✔ El "alejamiento paulatino". Se trata de sentarse al lado del niño cuando se le acuesta y estar junto a él, acariciándole la mano o la mejilla, por ejemplo, hasta que se queda dormido. Hacer esto durante una semana. A la semana siguiente, siéntate a su lado, pero sin tocarle ni acariciarle, hasta que se quede dormido. La semana siguiente, siéntate en un extremo de la cuna y así sucesivamente, ve distanciándote hasta conseguir que el niño se quede dormido sin necesidad de sentir tu presencia en la habitación.

✔ La "economía de fichas". Cuando el niño es más mayor se

puede establecer con él un sistema de fichas o puntos (estrellas, caritas, pegatinas...) consistente en elaborar un calendario con los días de la semana y colocar la ficha o premio cada día que el niño se vaya a la cama solo sin protestar. Establecer un total determinado de "premios" conseguidos supone que el niño ha obtenido una recompensa.

69
El registro y modificación de los patrones de sueño

Para cambiar la forma que tiene el niño de dormir, lo primero que hay que tener perfectamente claro es cuáles son sus patrones de sueño y después adoptar la estrategia más adecuada según el tipo de problema (si tarda en dormirse, si se despierta a media noche...). La aplicación de distintas técnicas de modificación de conducta ha demostrado resultados muy efectivos en este sentido.

Qué dice el experto

"Todos los niños y bebés cada noche pasan por las distintas fases del sueño y se despiertan con frecuencia. Aquellos que se dan la vuelta y se vuelven a dormir no plantean ningún problema a sus padres. Pero los que llaman o gritan y se levantan, sí. Por consiguiente, el objetivo del tratamiento no será impedir que se despierten sino conseguir y facilitar que vuelvan a conciliar el sueño o, como mínimo, que no despierten a sus padres.

Sexta parte

Dr. David Haslam, profesor asociado de Pediatría y Microbiología Molecular en la Universidad de Washington y autor del libro *Trastornos del sueño infantil*.

✔ La aplicación de las distintas técnicas de modificación de conducta en el tratamiento de los trastornos de sueño infantil se dirigen fundamental a sustituir los hábitos indeseables por otros más productivos.

✔ Independientemente del tipo de técnica que se vaya a aplicar (de reforzamiento, de extinción, de modelamiento, de instigación...) lo primero que hay que hacer es registrar detalladamente el patrón de sueño del niño durante dos semanas. Los expertos recomiendan apuntar diariamente en este periodo los siguientes aspectos:
- Hora en la que el niño se acuesta.
- Hora en la que concilia el sueño.
- Si se despierta en las primeras horas de la noche (por ejemplo, antes de que los padres se acuesten): hora u horas en que se despierta; motivos, si son aparentes (por ejemplo, sed); qué hacéis los padres cuando se despierta; y hora en la que vuelve a conciliar el sueño.
- Si se despierta a altas horas de la noche: hora u horas en que se despierta; posibles causas; cómo reaccionáis los padres; y hora en la que vuelve a conciliar el sueño.
- Hora en la que se despierta por la mañana.
- Humor, estado de ánimo al despertarse.
- Horario y duración de las siestas diurnas.

219

✔ Una vez que se conocen los patrones de sueño del niño, los padres deben jugar con las distintas "variables" y observar los cambios que se producen en el sueño. Estos registros tienen además la ventaja de que se pueden enseñar al pediatra o a un profesional del sueño infantil, aportando muchas "pistas": no es lo mismo decirle al experto que el niño "se despierta todas las noches" que comprobar que, por ejemplo, se despierta todos los días a la misma hora.

✔ Independientemente de la estrategia que se vaya adoptar, los expertos recomiendan a los padres adoptar una actitud tranquila, relajada y amigable.

Un ejemplo práctico

El doctor David Haslam, en su libro *Trastornos del sueño infantil* ofrece una serie de ejemplos en los que la aplicación de las técnicas de modificación de conducta resultan efectivas para regular los patrones de sueño del niño: "Una madre hizo un registro en el cual aparecía de forma clara que el niño se despertaba media docena de veces cada noche. Ella le llevaba un vaso de leche cada vez que se despertaba y le hacía unas cuantas caricias y mimos hasta que volvía a conciliar el sueño. En realidad, lo que conseguía con ello era premiar al niño por despertarse. El experto le explicó que, para el niño, el vaso de leche y las caricias que seguían al despertar eran preferibles a volver a conciliar el sueño. La madre entonces, en primer lugar, sustituyó la leche por un vaso de agua. La primera reacción del niño ante el cambio fue la protesta, aunque al cabo de poco tiempo se conformó. En segundo lugar, la madre dejó de abrazarle y mimarle, sencillamente le cogía de la mano. Los pasos siguientes consistieron en permanecer sentada junto a su cama pero sin tomarle la mano, sentarse junto a la puerta, más tarde en el pasillo y, por último, detrás de la puerta del dormitorio del niño. El resultado final fue que el bebé ya no llamaba a su madre cuando se despertaba sino que se daba la vuelta en la cama y se volvía a dormir".

70
El método Ferber

La "espera progresiva". Esta es la actitud que defiende el pediatra Richard Ferber en su método para enseñar a dormir a los niños y que consiste en consolar al bebé durante la noche siguiendo una serie de pautas.

Qué dice el experto

"No apruebo dejar que un niño llore en su cuna, solo, durante largos periodos de tiempo, hasta que concilie el sueño, sin importar cuánto tarde en dormirse. Al contrario, muchas de las tácticas que recomiendo están diseñadas específicamente para evitar el llanto innecesario."

Dr. Richard Ferber, director del Centro Pediátrico para los Trastornos del Sueño en el Hospital Infantil de Boston y autor del libro *Solucione los problemas de sueño de su hijo.*

✔ Al igual que otros métodos, el objetivo de este pediatra norteamericano es enseñar al bebé a dormir solo cuando esté física y emocionalmente preparado para ello.

✔ La clave de todo el proceso se basa en seguir una rutina más o menos rígida y, después de los preliminares, colocar al niño, despierto, en su cuna o cama y dejarlo solo, aunque llore, durante periodos de tiempo cada vez más prolongados.

✔ Se trata de que los padres vayan a consolar al niño (sin sacarlo de la cuna, cogerlo en brazos o darle de comer) después de cada periodo de tiempo predeterminado, que va aumentando día a día. Esta rutina es lo que el especialista denomina "espera progresiva".

EN QUÉ CONSISTE LA "ESPERA PROGRESIVA"

En la siguiente tabla se recoge la cantidad de minutos que hay que esperar cada día antes de acudir a la habitación del bebé para calmarle:

DÍA: 1

• Minutos que hay que dejar llorar al bebé 5
• Cuánto hay que esperar, si sigue llorando,
antes de acudir una segunda vez 10
• Periodo que hay que esperar
antes de ir por tercera vez 15
• Si sigue llorando, antes de ir
más veces, esperar... 15

DÍA: 2

- Minutos que hay que dejar llorar al bebé 10
- Cuánto hay que esperar, si sigue llorando, antes de acudir una segunda vez 15
- Periodo que hay que esperar antes de ir por tercera vez 20
- Si sigue llorando, antes de ir más veces, esperar 20

DÍA: 3

- Minutos que hay que dejar llorar al bebé 15
- Cuánto hay que esperar, si sigue llorando, antes de acudir una segunda vez 20
- Periodo que hay que esperar antes de ir por tercera vez 25
- Si sigue llorando, antes de ir más veces, esperar 25

DÍA: 4

- Minutos que hay que dejar llorar al bebé 20
- Cuánto hay que esperar, si sigue llorando, antes de acudir una segunda vez 25
- Periodo que hay que esperar antes de ir por tercera vez 30
- Si sigue llorando, antes de ir más veces, esperar 30

DÍA: 5

- Minutos que hay que dejar llorar al bebé 25
- Cuánto hay que esperar, si sigue llorando,
  antes de acudir una segunda vez 30
- Periodo que hay que esperar
  antes de ir por tercera vez 35
- Si sigue llorando, antes de ir
  más veces, esperar 35

DÍA: 6

- Minutos que hay que dejar llorar al bebé 30
- Cuánto hay que esperar, si sigue llorando, antes de
  acudir una segunda vez .35
- Periodo que hay que esperar
  antes de ir por tercera vez 40
- Si sigue llorando, antes de ir
  más veces, esperar 40

Día: 7

- Minutos que hay que dejar llorar al bebé 35
- Cuánto hay que esperar, si sigue llorando,
  antes de acudir una segunda vez 40
- Periodo que hay que esperar
  antes de ir por tercera vez 45
- Si sigue llorando, antes de ir
  más veces, esperar 45

Sexta parte

71
El método Estivill

Si hay que hablar de un *best seller* en lo que al tema del sueño infantil se refiere ese es el libro *Duérmete niño*, en el que el doctor Eduard Estivill explica el método que ha sido aplicado en más de 5.000 niños. Bajo la premisa de que el control de los patrones del sueño es algo que el niño ha de aprender, el experto recorre las distintas edades de la infancia, y explica cuáles son las pautas de sueño en cada una de ellas y las mejores estrategias para conseguir que el niño se adecue a las mismas.

Qué dice el experto
"Este método ha funcionado en el 96 por ciento de los casos en que se ha aplicado y, gracias a él, miles de pequeños ya duermen de un tirón...y con ellos, sus padres."
Dr. Eduard Estivill, director de la Clínica del Sueño Estivill, en Barcelona (España) y autor del método para dormir que lleva su nombre.

✔ Uno de los aspectos más novedosos del método Estivill es lo que él llama el "plan de reeducación del sueño", que implica seguir una serie de pautas:
  - Tanto los padres como los cuidadores deben mostrar en todo momento firmeza y seguridad ante el niño.
  - Reemplazar en la habitación del bebé la figura del padre, de la madre o de ambos por un dibujo, un muñeco, un móvil o un objeto querido por el niño,

explicándole que este cuidará de él por la noche.

- Si el niño usa chupete, dejar varios sobre la cuna para que pueda encontrar alguno durante la noche.

- Ponerlo a dormir, separarse de él a una distancia prudencial y, sin tocarlo, desearle buenas noches con un discurso que dure aproximadamente 30 segundos.

- Al salir de la habitación, apagar la luz y dejar la puerta abierta.

- Una vez que el niño empiece a llorar, los padres deben permanecer alejados de la habitación y volver a ella en función de una tabla de tiempos (expresada en minutos) que va variando a medida que pasen los días.

- Un ejemplo: el primer día, la primera espera debe ser de un minuto, la segunda, al cabo de 3 minutos; la tercera al cabo de cinco y las esperas sucesivas cada cinco minutos. El segundo día, hay que esperar tres minutos antes de entrar por primera vez a la habitación del niño; 5 minutos antes de hacerlo por segunda vez y siete minutos las veces sucesivas ....

- Lo normal es que el bebé no deje de llorar, pero en la mayoría de los casos, después de acudir unas cuantas veces (2, 3 o más), finalmente cesan los lloros. Con el paso de los días hay que acudir muchas menos veces, hasta que finalmente el niño deja de llorar y se queda dormido solo.

Lágrimas como reclamo

Pese a que este método resulta efectivo en el 96 por ciento de los casos y la mayoría de los padres que lo han utilizado hablan maravillas de él, también ha suscitado críticas entre algunos sectores, según los cuales este sistema podría producir trastornos emocionales y psicológicos al niño. Uno de los aspectos que más controversias ha producido es la recomendación de que se deje llorar al niño, algo que a muchos padres se les hace muy cuesta arriba a la hora de poner en práctica. El doctor Estivill explica que la mayoría de las veces, este llanto nocturno no es debido a ninguna dolencia o problema del bebé, sino que se trata de una forma de reclamar la presencia de los padres.

72
El método del Dr. John Pearce

"Dormir es un hábito y como tal debe ser una de las primeras rutinas a las que el niño debe adaptarse desde el principio." Esta es la premisa básica en la que se fundamenta el método del Dr. John Pearce, autor de un buen número de obras sobre educación dirigidas a los padres.

Qué dice el experto

"Un aspecto fundamental del crecimiento es aprender a estar solo, y el primer paso de este proceso es aprender a estar solo en la cuna por la noche. La especial ventaja de esto para los padres es que ellos saben que su hijo está seguro en la cama. Dejando al niño durmiendo en su habitación, separado de ellos, le están ayudando a aprender cómo ser independiente."

Dr. John Pearce, profesor emérito de Psiquiatría Infantil en la Universidad de Nottingham (Gran Bretaña).

✔ Este experto es un acérrimo defensor de la necesidad de que los niños sigan desde el principio una rutina a la hora de dormir. Parte de la idea de que en un número muy elevado de casos, los niños duermen mal debido a que no reciben las pautas adecuadas por parte de sus padres. "La rutina a la hora de dormir solo funciona si los padres son persistentes y se mantienen firmes hasta que el niño se adapte bien a ella. Esto puede tardar hasta seis meses, pero los beneficios se mantienen durante años."

✔ Para el Dr. Pearce, no valen las generalizaciones: cada niño y cada familia son distintos, así que es muy importante realizar un análisis previo de la situación. Para ello, propone a los padres contestar a una serie de preguntas que configuran un Cuestionario del sueño para conocer más a fondo las circunstancias de su hijo: la edad del niño, dónde duerme, si duerme siestas a lo largo del día, cuánto tarda en dormirse, si necesita algún tipo de apoyo para conciliar el sueño (chupete, un osito...), si tiene pesadillas, si llora durante la noche...

✔ También propone a los padres rellenar un cuestionario acerca de su comportamiento respecto al sueño de su hijo, con preguntas como: ¿cuántas horas suelen dormir?, ¿cómo reaccionan cuando su hijo llora por la noche o intenta ir a su cama?, ¿vigilas a tu hijo cuándo está dormido y con qué frecuencia lo haces?, ¿está pasando la familia por algún tipo de situación estresante que pueda estar alterando el sueño del niño?....

✔ Una vez definido el patrón de sueño del niño y de los padres, hay que poner en marcha una rutina consistente en acostar al niño todos los días a la misma hora, asegurándose de que su habitación y su entorno reúnan todas las condiciones de confort y seguridad (aspecto este en el que insiste especialmente).

✔ Respecto a cómo actuar ante el llanto infantil, Pearce es de los que defienden que hay que dejarle llorar: "Imagine qué pasaría si usted acudiese inmediatamente cada vez que su hijo llore. Él pronto aprenderá que cada vez que quiera llamar la atención de los padres o desee cualquier cosa, recurrirá indefectiblemente al llanto". Según Pearce, al tercer día de dejar que el niño llore, este ya sabrá que no va a conseguir la actuación que desea por parte de sus padres.

¿Y si llora constantemente?

El doctor John Pearce propone dos tipos de actuación para las situaciones en las que el niño llora a la hora de acostarlo: la rápida y la gradual.

✔ La rápida: Consiste en dejar que el niño llore, tras haber constatado, claro está, que el motivo de su llanto no es otro que su reticencia a irse a dormir.

✔ La gradual: Se trata de permanecer en la habitación del niño y, gradualmente, ir disminuyendo el tiempo que se pasa junto a él.

El experto es defensor de la primera opción, pero se muestra un poco más flexible que otros partidarios de esta teoría. Así, por ejemplo, propone para aquellos padres que no son capaces de dejar llorar a sus hijos desconsoladamente la siguiente estrategia: dejarlo llorar durante aproximadamente tres minutos; entrar a la habitación, decirle que debe dormir y volver a dejarlo solo; y cada noche, incrementar en un minuto o dos el tiempo que se deja al niño llorar.

73

¡Lo conseguimos! Cómo mantener los buenos hábitos del sueño para siempre

Conseguir que el niño adopte unos patrones de sueño regulares puede ser una tarea muy ardua, de ahí que para muchos padres, cuando lo logran, sea motivo de celebración. Pero eso no significa que "el éxito" se vaya a mantener durante todas las noches. ¿Moraleja? En lo que al sueño infantil se refiere, nunca hay que bajar la guardia.

Qué dice el experto

"A medida que el niño crece va alcanzando una mayor madurez en sus patrones de sueño, y ello se traduce, sobre todo, en una reducción de los despertares nocturnos. Pero aunque sus hábitos a la hora de dormir están más organizados, los niños de entre uno y tres años pueden empezar a padecer alteraciones del sueño debido, en ocasiones, a causas emocionales, de ahí que los padres deban seguir estando atentos."

Dr. William Sears, pediatra norteamericano autor de más de 40 libros sobre educación infantil.

✔ Una vez que el niño ha descubierto su autonomía del sueño, que es capaz de dormir un número de horas compatibles con la vida familiar y que no se despierta entre las distintas fases del sueño, se puede decir que las noches en blanco forman parte del pasado. Pero atención: durante los primeros años de vida, este equilibrio en los patrones de sueño es aún precario, de tal forma que el más mínimo cambio en la rutina familiar puede alterarlo.

✔ De ahí la importancia de no bajar nunca la guardia y de mantener en todo momento las rutinas que se adoptaron cuando enseñasteis al bebé a dormir. Además de asegurar la continuidad de esa "calma chicha" nocturna, no hay que olvidar que las repeticiones en las que se basa la rutina del sueño hacen que el niño se sienta muy seguro.

✔ Asímismo, hay que extremar la vigilancia sobre su comportamiento a la hora de irse a dormir en situaciones especiales: un viaje, las vacaciones, si se queda a dormir una noche en casa de los abuelos...

✔ De la misma forma, es muy importante asegurarse de que todas las personas implicadas en el cuidado del bebé tengan muy claras las pautas que hay que adoptar a la hora de acostarlo. En algunos niños, cualquier excepción en este sentido puede dar al traste con lo conseguido tras largas semanas de "aprendizaje del sueño".

✔ Sin embargo, hay que tener en cuenta que los niños van creciendo y que sus necesidades de sueño cambian, de ahí que haya que ir adaptando las rutinas y pautas para dormir a cada momento y edad.

✔ En caso de que el niño "vuelva a las andadas" (esto es, comience de nuevo a despertarse por las noches), se debe volver a poner en práctica el método utilizado, desde el principio.

✔ En definitiva, conseguir que el bebé mantenga unos hábitos de sueño regulares durante toda su infancia es cuestión de paciencia, pautas claras y mucha "mano izquierda". Y, por encima de todo, de adoptar una actitud positiva y desdramatizadora del tema. ¡Buenas noches, papás!

Biblografía

- Antier, Edwige. *Mon bébé dort bien.*
  Éditions Jacob-Duvernet. Clamecy, 2005
- Casado, Juan. *¿Qué me pasa, mamá?*
  Editorial Planeta. Barcelona, 2005
- Ciccotti, Serge. *¿Cómo piensan los bebés?*
  Robinbook. Barcelona, 2008
- Estivill, Eduard; Béjar, Sylvia de. *Duérmete, niño.*
  Plaza & Janés. Barcelona, 1988
- Giles, Stephen. Papá a bordo. *La aventura de ser padre.*
  Robinbook. Barcelona, 2008
- Haslam, David. *Trastornos del sueño infantil. Normas prácticas de tratamiento.* Ed. Martínez Roca. Barcelona, 1985.
- Hirsh-Pasek, Kathy; Michnick, Roberta. *Einstein nunca memorizó, aprendió jugando.* Martínez Roca. Madrid, 2005
- Hogg, Tracy; Blau, Melinda. *El secreto de tener bebés tranquilos y felices.* RBA. Barcelona, 2001
- Jay, Roni. *Bebés para principiantes.*
  Robinbook. Barcelona, 2008
- Laniado, Nessia. *Mamma, non ho sonno.*
  Edizioini Red. Novara, 2202
- Mahé, Véronique. *Los 100 primeros días del bebé. Diario íntimo de una joven mamá.* Robinbook. Barcelona, 2008
- Pearce, John. *The new baby and toddler Sleep Programme.* Vermilion. Londres, 1997
- Sears, William; Sears, Martha. *El niño desde el nacimiento hasta los tres años.* Urano. Barcelona, 1991
- Sears, William. *Nighttime Parenting. How to get your baby and child to sleep.* La Leche League. Illinois, 1985

Los 100 primeros días del bebé
Véronique Mahé

¡Al nacer el primer bebé hay razones para sentirse perdida y desorientada! Nada es «natural»: la lactancia, cómo preparar el biberón, por qué el bebé llora tanto... En *Los 100 primeros días del bebé* podrás seguir, día a día, la experiencia de una mamá primeriza, acompañada de consejos médicos, trucos prácticos, juegos para el bebé e informaciones útiles para aprovechar al máximo los 100 primeros días, tan importantes para el pequeño... como para sus padres.

Cómo estimular al bebé
J. J. Plasencia y Mª Eugenia Manrique

Tener un hijo es una aventura extraordinaria, una suerte de amor que hace aflorar éste y otros sentimientos y que nos acompaña en este viaje conjunto. Pero junto a ello también asalta a los padres la necesidad de procurarle al recién nacido un entorno saludable que le posibilite crecer y desarrollarse en plenitud.

Este libro trata de ofrecer las pautas imprescindibles para que en estos primeros meses los padres sean capaces de ofrecer a su hijo los estímulos más adecuados para cada época de su crecimiento, tanto en el plano físico como en el intelectual.

Los primeros cuidados del bebé
Marianne Lewis

Todos los padres primerizos se sienten perdidos ante el primer hijo. La falta de experiencia y la novedad inundan de dudas a los progenitores y estas pueden complicar la maravillosa tarea de cuidar y hacer crecer a un bebé.

La autora recoge los temas que más preocupan a los padres y aporta soluciones prácticas y consejos para que nada impida que las primeras etapas de tu hijo sean de las más felices de tu vida.